光の帯となって

長き長き人としての旅路のはてに
さあ翔びたとう
あたらしき世界へ
次なる星へ

征

ナチュラルスピリット

思い出のアルバム
イタリア・アッシジを
紹介致します

リンゴの樹と、金ピカのマリア像の立つサンタ・マリア・デリ・アンジェリ教会。この教会の中にフランチェスコが最後を迎えたポルチウンクラの小さな建物がある

「私の教会を立て直してほしい」とイエス・キリストに言われてフランチェスコが建て直したサン・ダミアーノ教会前に集う人々

旧法王庁前広場に建つ、フランチェスコとその仲間達の像

アッシジの
上の街から
望む、下の
街の景色
山田

アッシジのお城の
ある高台から望む、
上の街の光景

フランチェスコの生家
前広場に建つフラン
チェスコの両親の像
（左より）山田、山川
紘矢さん、澤田高さん

ごくごく初期の頃、フランチェスコと数人の仲間達が籠って暮したカルチェリー山の森
（左より）畠通佳さん、山田

終生フランチェスコにつき添った仲間であり従者であったレオーネの洞穴
（左より）山田、畠通佳さん

すべての日程を終えたローマ空港で、旧ソビエトから来た合唱団員との再会を喜ぶ参加者達

光の帯となって

長き長き人としての旅路のはてに
さあ　翔びたとう
あたらしき世界へ
次なる星へ

推薦文

『光の帯となって』――読み返すたびに深い気づきと温かい励ましを頂ける本です。

山田征さんは昨年5月17日、健康相談ということで、私の事務所にいらっしゃいました。ですが、それは名目に過ぎず、本当の目的は、真実を体現する征さんの存在及び彼女が長年にわたり、受け取り続けている聖なる存在からの至宝のメッセージを皆様に共有するお手伝いを私がさせて頂くためだったことに今は気づいています。

征さんの静かながら、迫力のある存在にただならぬものを感じた私でしたが、小さい頃から本を読むのが苦手だった私は、征さんにその旨を伝えると、征さんは『光と影のやさしいお話』の中のるしえるの詩をライブ会場で朗読した音源が収録されている2枚組のCDを送って下さいました。

正直、あまり期待はしていなかったのですが、るしえるの詩の朗読を聴き始めると、魂の深いところが揺さぶられ、涙が溢れて止まりませんでした。何十回もリピートして聴きましたが、聴く度に新たな情景がリアルに見えてきて、そのたびにまた涙するといったことの繰り返しでした。このリアルな感触は、私にとっても、もはや他人事ではなくなっていました。

征さんにお礼の手紙で、その感想を伝えましたら、自費出版の本を送って下さり、このシリーズの本を知ることになりました。この本の内容の質の高さは、本になれていない私でも強く感じたところであり、結局、征さんにお願いして、すべての本を送って頂くことになりました。

本を頂いたことで、どこか満足していた私は（「積ん読」というのでしょうか）、正直、読むのを後回しにしておりました。

しかし、このたび、このように推薦文を書かせて頂く機会を頂き、本気で向き合う運びになったわけです。

本書『光の帯となって』を読み進める体験は、まさに衝撃的でした。いえす、仏陀、まりあ、ふらんしす、るしえる……名だたる聖者が、次々と登場し、しかも、自然に優しく征さんと対話をしているのです。対話の内容は、征さんの暮らしの中で会う方々とのやりとりや地上で起こっていることなど、身近なトピックですが、その一見、何気ない出来事について語られる視点の自由さ、中庸さ、洞察の深さは、私たち地上の常識で凝り固まってきた頭からすると、思いも寄らないものだったり、驚きのものだったりします。しかも、彼ら聖者が語っている内容も彼らの言う「波動」として、受けとるこちら側のチューニング次第で、幾重にも理解、実践できうる、とても幅広く豊かなものになっています。

その内容の具体的さ、詳細さ、表現の中庸さは、いわゆるスピリチュアルや宇宙の法則に精通していると自負している方が見ても、実に素晴らしく、ちょっと聞きかじっていたトピックであっても、よりその理解を深め、自分自身の意識の持ち方、行動の仕方にすぐ生かせる本質的かつ実践的な智慧になっているものです。

征さんが自動書記を始められた頃に比べ、最近は、いわゆるスピリチュアルの情報もはるかに多く出回っていると思いますが、この『光の帯となって』は、私たちがえせスピリチュアルやおどろの世界に向かないよう優しいながらも確固たる道標になってくれるとともに、地上にいる私たちを、自らの内なる光で地上を明るく照らす存在と大いに励まし、自覚させてくれる後押しを力強くしてくれるものでもあります。

このようなあまりにも質が高く、優しい思いやりに溢れ、かつ宇宙法則や真のスピリチュアルについて真実の叡智を惜しみなく共有してくれる本書ができあがったのは、既にいえす、仏陀、まりあ、ふらんしすなどいわゆる聖者と同等の波動の精妙さを保持する山田征さんが、その自らの能力を距離を置いて客観視し、いわゆる霊能者やヒーラーといった特別な存在になるのを避け、ただひたすら、一人の主婦の立場を守り、ぶれなかったこと、その上で、地上で人として、活動できる可能性に努力を惜しまず、目の前のことに真摯に丁寧に取り組み続けている征さんの静かながら高潔で力強い人格とその発露によるものと確信しています。すなわち征さんの一見地味で目立たない普通の、しかし卓越した存在の偉大さゆえの最高傑作と言えるのではないでしょうか。

私自身、本書に接し、また山田征さんという心から尊敬する大先輩であり、肉体を持った聖者の存在のエネルギーに触れたことで、目覚めと気づきの大いなる喜びを少しずつ少しずつ噛みしめているところでございます。

本書は、地上に居る多様な個性を持つ私たち一人一人に対して、いつでも優しくあたたかく見守るとともに、私たちが心を開いた分、大きな祝福と恩寵を与えてくれる最高の手引書であると確信しています。

是非、この素敵な星・地球に居る、多くの仲間たちに読んで頂きたいと思います。

二〇一八年九月二十八日

愛・尊敬・感謝　秋山　佳胤（ＡＫＩ）

まえがき

私はこれまで形にしてきました四冊の本の中で、これまでの長い歴史の中で人々はさまざまな出来事や考え方を、善と悪といった双つの世界に分け、対立させながら学ぶ、といいますか、生きてきたことに対し、そのような二元的世界観はもう終わりになりましたよ、終わりにするときです、といった内容のことを書いてきました。

多くの事柄をこのように善悪に分けてしまう考え方、在り方は、特に宗教的な世界で大きな力をもってきたように思います。

多くの宗教の中でその指導者たちは人々に対し、神を畏れる存在として位置づけ、そのうえで悪に負けてはいけない、悪から遠ざかりなさい、神のもとに近づきなさい、と教え導いてきたと思います。

ところが、多くの人々はなかなかそのようにはならず、神に近づきえない自分を責めたり情けなく思ったり、その人が真面目であればあるほど悩み苦しむ、といったことが果てしなく続いてきました。

神や仏、あるいは救い主といわれる存在が大きく偉大であればあるほど、その隔たる距離は大きくなってしまったと思います。また創造主である神と、造られた人間とをはっきり分け、大きく引き離してしまうことが指導者たちには都合が良かったといえるのかもしれません。

ところが私の一冊目の本といいますかノートでは、「人とはまさしく神の分身、神の愛の子供らである」、つまり「神自身を分けた神の愛の子供たちである」。そして「昔、人に悪は無かった。人は清らかな神の愛そのものであった。清らかな光そのものであった」、と語られています。そのうえで「なぜ人々は、神から遠のき悪に染まることになってしまったのか……」と続き、そのいきさつが詳しく語られていきます。はっきり言ってしまえば、悪といわれるもの、それ自体が神の創造活動の中で生まれてしまった神の一部であり、神そのものであるということです。

そしてそれを、神から分離したばかりの頃の「清らかな光、清らかな愛」そのものの魂に戻していくために人の人生がつくられ、そして輪廻転生という仕組のもとでこれまでの過去からさらに未来に続く果てしのない人生ドラマが演じられつづけている、といういきさつが語られています。

このことは時々、表現を大きく変えて語られることもあります。

例えば「ただただ何もない私ではつまらないから、私は私を分け、ありとあらゆるものを創り、私自身で芝居を演じ、私自身で楽しみ、自分自身を味わうことにしたのである」、といったような表現です。そして、「そのために私は、人にはさまざまな個性を持たせたのである。そうでなければ芝居にならないから……」というわけで、この世には善い人もいればその逆の人も沢山いるというのです。

この話、私はなんだか好きでとても気に入っています。この世の出来事はまことに厳しく恐ろしくはありますが、このような表現で世の中のことを見ていくと、少し気持ちに余裕が生まれ、大らかになっていけるように思えるからです。

ところでこの本の前のものは、ノートでいえば七・八冊目のものですが、『あたらしき星への誘い』というタイトルでわかりますように、この地球という星以外の他の天体がイメージされるものです。その八冊目あたりから、神の似姿、創造物である人間、この知的存在は何も地球だけのものではなく、他の天体、他の宇宙、他の星々にも存在しているものであり、私達地球人もいずれこの星を離れ、他の天体へ移行していく時が来る、といった内容の話が語られています。

そして今度のこの本は、ノート九と十冊目のものになります。ノートを取り始めてからは丁度一年目くらいのものですが、四冊目の延長線上の他の天体、他の星への移行の様子などと共に、この地球のどこかにあるといわれる、生命の泉、生命の源の花が咲く、といわれる神秘の部屋へはどのようにして行ったらいいのか、辿り着くのか、といったスピリチュアルな話や、私が初めて聖人フランチェスコゆかりのイタリア、アッシジという街に行った時の、大変思いがけない不思議な出来事の数々などを紹介してあります。

ノートの世界だけではなく、いま現在の私たちの現実社会では、もうすでに大小さまざま無数のロケットが宇宙空間に打ち上げられ、この地球の周りを回り続けていたり、宇宙の彼方にとんでいってしまったりしています。そして、他天体からの飛来物、飛来者である宇宙人といわれる存在との遭遇だけではなく、その乗ってきた飛来物体に乗せられたり連れていかれたりの話は枚挙にいとまがありません。そして他天体の存在から数々のメッセージを受けている人々も、どれほどの数にのぼることでしょうか。いまはもう、ほんとうに時代は大きく変化してしまいました。私などの旧態依然とした感覚ではとてもついていけない世界がそこにあることを、強く感じます。

この先のことはそうした新しい感覚の方々にお任せするしかありませんが、私のこの本は、私のノートの世界ならではの個性豊かでとても大切な情報が沢山つまっている、と思っています。

皆さまの日々の生活の中に、少しでも心のゆとりと潤いとを運ぶことが出来ましたら幸いに思います。

二〇一八年　七月十六日

山田　征

目次

※自費出版当時の様子を伝えるために、一部表記をそのままにしています。また、一部加筆訂正しています。

ノート９

一九八八年
十月十八日（火）

＊最近の文字はあまりに大きいため、ノートがはかどって仕方がありません、私はこの家で一人で居るということがなかなかありませんから、今はすっかりこのように座りこんでしまっています。でも、もう少ししたら、またみんなが帰ってきます。

またこのようにして新しいノートになりましたね。前のノートは例の大きな文字が何ページにもわたって記されましたから、一ぺんにはかどってしまいました。このノートにも、またいろいろなことが記されることになるでしょう。楽しみにしていて下さいますように。

いまとなりましてはあまり一般論ではなく、いまなぜあなたや他の人達がこのようなことになってしまっているのかといった、さまざまな事情を説明するということが多いのです。これからは、これから先のあなた方の心構えといったものについて、少しずつ話してまいりたいと思います。

これより先は、より具体的な形で、さまざまな人達があなたの前に現れてまいりますでしょう。もちろん、すべての人があなたと直接的に関りを持っていくとは限りません。しかし、人それぞれの人生というものがありますから、そのどの部分でお互いがつながり関っていくことになりますかは、やはりこれから先にとても具体的な形で表れてくることと思います。

いえす

十月十九日（水）

＊おはようございます。昨夜は書きかけのままでしたけれど、それで良いということにしました。このところ、字の調子がすっかり変ってしまったように思います。また、昨日はおかしな、といいますか、面白い問答になりました。前後のいきさつはうまくつながっていて、なるほどとうなずけるのですが、これが自分とからめて、ということになりますと、少しばかり問題があると言わざるを得ません。

はい、おはようございます。朝からまたそのようなことにこだわりを持っているのですね。まあそれも良いでしょう。それでもやはり、あなたは私達の伝えますままに、このノートの上に記していくのが良いのです。

もう少し客観的に見てゆくと良いのではないでしょうか。このノートに記されましたことがらを、全体的に見ていくと良いのです。そうしますと、そのような個人的な感情にこだわっている時ではないことが解ってくるのではないでしょうか。

また、文字のことなども、いまはまた次なるエネルギーへの転換の時となってまいりましたので、さまざまに変化していくことと思います。いわば一種の気流の乱れのような現象が起きていると思って下さると良いのです。またすぐに慣れて、良い文字となりましょう。

＊いまやっとお店の仕事が終りました。あとは家に帰るばかりです。ずっと立ち仕事ですから、さすがに疲れます。でも今日は午後、久しぶりにナナオ・サカキさんに逢いました。あいかわらず明るくおおらかで楽しい人です。（注・この頃の私は中央線三鷹駅近くで、『みたか・たべもの村』という小さな食堂を仲間たちと一緒にやっていました。）

はい、今宵はどうもおつかれさまでした。それでは、これからはまた私達との会話を楽しむといたしますか？　それとも早く家に戻って休みたいのでしょうか。どちらでも、あなた次第ですよ。

＊いま少しならば、ここでこうして書いていたいと思います。

それではいましばらく語りあうと致しましょう。いまからあなた方が向うべき新しい星、新しい世界のことについてなのです。

この前あのお友達が言っていましたように、どこか他の星から空飛ぶ円盤がやってきてあなた方を乗せていくとかいった、そのような話ではありません。あなた方はすべてその肉体を離れて、あなた方本来の霊的な姿になってこの地球を離れていくのです。それは、今この地球上に住む人々が一ぺんにということではありません。準備の整った者から次々と翔びたっていくことになりましょう。

その時の様子を、いまあなた方の暮しの中のものでイメージしてみることも出来ましょう。たとえば、あなた方が入浴いたします時に、全く体を濡らさずにいきなり湯舟に入るといたします。そうしますと、その体の表面に付着していました空気が次々と集り、無数の泡のような状態になり、ひとりでに体を離れ、湯舟の表面に向って浮上してまいります。

もちろんこれらのことと全く同じであるとは言えないのですが、これはひとつのイメージとして使えると私達は考えたのです。むしろ私達は、一年に一度、美しい月夜にサンゴが卵を産む時の情景をいいたいと思いましたが、あの姿は誰でもが想い描くことの出来るものではありません。

その時あなた方は、ごく自然に成りゆきにまかせていれば良いだけのことなのです。あると
き気付いたら、あなた方はまた別なる星の世界にいた、ということになるでしょう。あまり移
動のことについての心配はいりません。

むしろ、それ以前のところに問題があるとは思わないでしょうか。人はどのようにして軽く
素直になったら良いのかということなのです。

本当は、少しも難しくも大変でもないことなのです。人々がすべてのことを素直に、あるが
ままに受け止め、何ごとにも執着心を残さないという姿になれば良いだけのことです。

そうです、最終的には生きる、ということに対しての執着心であると言えるでしょう。あな
た方が今生きていること、そしてまた死を迎えますこと、そのどちらも同じことであると知り
ますならば、おそらくは死に対する恐怖、あるいは生に対する、つまりは生命に対する執着心
を取り除くことが出来るのではないでしょうか。

まずは物に対して、またさまざまなる出来ごとに対してのこだわり、あるいは権力や知名度
などに対しての執着なども同じであるといえましょう。そのようなことも少しずつ取り払って
いくと良いのです。

また、もうひとつ大きなことは、いわゆる一般的にいいます神仏《かみほとけ》に対する執着、こだわりと
いったものではないかと思います。また、それらのものに対する祈りといったものもあります。

祈りとは何でありましょうか。まずほとんどの方々のそれは、祈りではなく、願望であるといえましょう。神や仏へのお願いが多いのです。まことの祈りとは、生きてよし、死んでよしの境地でありますから、もはや何も願うことなどありますまい。しかし、なかなか人はそこまでにはなりきれないようです。

その域にまで至りました者の姿は、ある意味では人の目に無感動、無神経となって映る場合もあるでしょうし、何のことはありません、ただ素直に生きているだけの人の姿なのです。ただ日々の暮しを、あるがまま、成るがままに受け止めていく姿であるといえましょう。

とは言いましても、冷たいわけでもなく、ほんとうに無神経であるわけではないのです。前にも申しましたように、極限に近いスピード、動き、波動といいますものは、それがまるで止っているかに見える、といったその原理が人の姿、精神の中にも働くということなのです。

少しばかり難しく、理屈っぽくなってしまいましたでしょうか。まあこの話はこの位で良いでしょう。

とにかく、いまあなた方人々が大急ぎで生れかわりの事実を知ることで、いかようにも世界が広く深く開けていくということです。そう致しますと、いまこの世の中で起きていますありとあらゆるすべての不和、不平等といったネガティヴな現象の持つまことの意味を知ることになり、その心の中にわだかまり続けていますこだわりや不満、怒りといった感情を徐々に鎮めることが出来てまいりましょう。そのことがまた、すべてのものに対する執着といいますものを取り除いていくことになってまいります。

いま私達は、これらのこと、それらのことを実にさまざまな角度からお伝えし、知っていただきたいと努めているのです。出来るだけ大ぜいの方達と一緒に旅立っていきたいものです。

そのようなことは、今ある地位や智識とは一切関係ありません。いま人々がどのような暮し、生き方をしていましょうとも、その置かれました立場立場でこのことに気付いてくだされば、それで良いのです。

これらのことは、学問的智識や、いわゆる社会的な常識で解るというものではありません。むしろ、下手な智識などない方が良いのです。非常に感覚的なものであるといえるかもしれません。

さあ、ずいぶん遅くなりました。これで終るといたします。

いえす

十月二十日（木）

＊今日は白保のオランダ先生に逢いました。久しぶりに白保の関係のことで動いています。ま

たぜひ一度、白保を訪ねたいと思っています。

そうですね、白保のことはもうあまり心配はいりますまい。よくここまで頑張ってまいりました。あとはどのようにあの海を良い状態に保っていけるか、戻していくことが出来るかといったことにかかっているのではないでしょうか。あなた方がはじめに描いてまいりました夢や希望の部分を、これから先はどう現実のものとしていくことになるかということです。

しかし、それらのことはもうあの海と共に生きる人々の手におまかせなさい。あの海の持つ大きなエネルギーが、いかようにも人々の心を動かしてまいりますでしょう。良いお仕事が次次と生れていきますことを私達はお約束したいと思います。

あいしています　　いえす

(注・この時のオランダ先生［東川平正雄先生《ひがしかびら》］は、その二年後の夏、急死されました。白保集落にとっても、白保の運動にとりましても、とても大きな位置を占めた方でしたから、そのあとがとても大変でした。やはり〝人〟としての死別は、とても哀しいものだと思いました。)

十月二十一日（金）

＊もうすぐお昼です。今日はこれから、いつものように編物の会に行きます。毎日毎日が、なんだか飛ぶように過ぎていってしまいます。

はい、今日は何を語ると致しましょうか。あなた自身がもうあまり時間をとることが出来ないでしょう。それでもやはり、ひとつのことをテーマにすることは出来ると思います。と申しますのは、この間《かん》のあなたの周辺にあった人々の動きを見ることでいえるのではないでしょうか。

今あなたはあまりにも何げなく、こともなげに受け止めていますので気がつかないのかもしれませんが、この間、私達に関する実に多くの新しい人達に出逢ってきているのです。みなそれぞれに何かを求め続けてきた魂であり、これから先もさらにそうであり続けていく人達ばかりといえましょう。

これからは、さらにその傾向は強くなってまいります。そのような時、人がどのような魂に出逢うことになりますかは、実に大切なことであると申せます。

人にはさまざまなステップというものがあります。まず初めは少しばかりおどろな世界を見ていくことになる魂もありましょうし、いきなりパンと、明るく軽く広々とした世界に出てしまう者もいることでしょう。

まあ多少の前後差はありましょうが、あまり気にすることはありません。自分自身でひとつひとつのことに気付いていくことでしかないのですから。それらのことにこのノートがお役に立てたら、とても素的だとは思いませんか?

それでは、またのちほどゆっくり時間をとっていただくと致しましょう。

いえす

＊私はつい最近、ちょっと面白い人に逢いました。なんと、すぐ近くの吉祥寺に住んでいらっしゃるのです。私は久しぶりに、私の背景といいますか、背後にあるものを視ることの出来る人に逢いました。娘達が子供の頃よく言っていたことなどを思い出して、とてもなつかしい気が致しました。(注・つまり普通には視えない世界の人たちのことです。)

はい、昨日も申しましたように、そして今日もまた申しましたように、いまはあなたや他の方々にとりまして、とても大切な出逢いの時であるといえるのです。今、人々といいますか、霊なる能力《ちから》を持つ多くの人々が世に出てはいますが、いまひとつ宇宙的な広がりを持つことが出来ずにいます。せいぜいこの地球的な時の流れと広さ、あるいは他の星々との関係、その枠の中での光と影といったものの範囲にとどまってしまっているのです。もちろんこの宇宙といいますものは、まことに広範囲であり、驚くべき側面を持っています。これからはまたそのようなことにも少しずつふれてまいりたいと思います。

あいしています　いえす

十月二十二日（土）

＊おはようございます。素晴らしい秋晴れとなりました。今日これから、清里のキープ牧場に行きます。キープ五十周年記念のお祭りと牛乳の話し合いのためです。

はい、おはよう。今日は私が少し語るであろう。

これより向いたる清里の地にありては、なかなかにそなたらゆかりある土地にてあり。美しき青き大空、今日は心ゆくまで広がりてあるにより、すがすがしき心地にて過すことになるであろう。

我はいまそなたの前にありて、この大地、この大空のこと少し語り聞かそうと思う。

この大地にありては、まことに長き年月、そなたら人なるもの、他なる木々、草々、またあまたなる空を飛びたるもの、地を這いゆくもの、地の中に棲めるもの、水なる世界にもまた驚くべき姿なる生きものたちあまたあり。我はそれらのものすべからく、優しく息長く養いゆきてあり。そはこの星地球といいたるものの創られし役割なり。

そなたら人なる者のうちにありてはまた他の星々より飛来致せし魂あまたあるも、人の姿かぶりたるならばまたやはりこの星の者にてあり。この星の者としてさまざまに人とかかわり、さまざまに良く生きたる者多くあり。

その、他の星々より飛来致せし魂の多くは、この星の上にありてことごとく心の世界司りたる指導者とはなりたる。しかれども、そなたら人なる世界の〝宗教〟といいたるものにてはあらじ。巷なる人々の中にそれとなく潜《ひそ》みてあるも、人々それと知ることいささかもなし。その飛来致せし者にありても、自《おの》がまことの姿、いささかも識りたることはなし。なかにまれなる者にありては、その元居たる星の記憶持ちたる者あり。それにはそれなりの理《ことわ》りあり。

この地球の上にありて、現在《いま》なる時こそはまことに著しき時なるにより、他なるあまたなる星々より、人々導きたるため地に降り立ちてあるものあまたあるなり。そは等しく、人々いずくの日にかこの星より飛び立ちたること可能とならしむることのためにてあり。そのことまことに援けたることの役割担いて、あまたなる他の星々より人として生れ来たるものにてあり。

そなたもまたその中の一人なると知れ。いかなる星より来たりてあるかは、いまは伏せおきてあり。
この星の上にては、まことにあまたなる人々の歴史くり広げられてあり。もはやいかばかりなる時流れゆきてあるかは、人々の記憶にては量りがたきものとはなりたる。そなたの胸のうちにありてもいささかもそのこと想い出さざるにより、今は言わざることにてあり。

るしえる

十月二十四日（月）

＊この数日、落ち着いた時間がとれませんでしたので、前のお話も半ばのままになっています。また今日、ワープロで打たれたものが届きました。つくづくとても面白い内容のものだと思います。理解していただける方々には、やはり、ぜひ読んでみていただきたいと思います。
はい、それはもちろん当然のことです。なぜならば、私達はやはりこれらのことを、あなた一人のもの、あなたのまわりのわずかなる人々のものだけにしておくのは惜しいと思っています。しかし、あなた自身がこれらのことをよく読みこなし、理解を深め、あなた自身のものと

して話せるようになることが、何よりのことといえましょう。他の方々にもそのように理解していただくのが良いと思います。

また、少し全体の中から選び出してみるのも良いかと思います。どの部分を活字にしたら良いかなど、いろいろあることでしょう。今まで伝えてまいりましたことだけでも、充分に一冊や二冊の書物になり得ると私達は自負しております。ただ、あなたの中の考えが熟することを待ちながら、社会的な情勢も見てまいりましょう。どのような形で人々の前に出していくかは、いましばらく様子を見ていくことに致します。

＊昨日あたりから、そして今もまたそうなのですが、今までとはまた別な力が働いているような気がしているのですが……。

はい、その通りです。今までとはまた別な力が働きはじめています。今までは私達のものを充分に受けていくことの出来る力をあなたの中に蓄え、培っていくような作業をしてまいりました。しかしこれからは、あなたから他の方々への働きかけをしていけますように、その内容を整えていると思って下さるのが良いのです。

人々の中には、とても沢山の秘めたる力を持つ者が在ります。しかしそのことに気付いていていない人達がとても多いのです。あなたには人としてそれらの人々に関り、触れることの出来る者となっていただきたいのです。あなたを通して働きます力に触れることにより、その体内にある本来の力を目覚めさせることが出来るということです。どうぞよろしくお願い致します。こちらからの私達の働きかけ以上に自然に行うことが出来ると思います。

本来あなたの中に眠るといいますか、存在している力をそれぞれが分け持っていると考えて下さると良いのです。これらのことがしかとなされますならば、みなそれぞれに、自分の持っています力を十二分に表現することが出来るのではないでしょうか。

そうです、どのように大きな力を持っていましょうとも、やはり人となって生れてしまいますと、いかにもこの世的な物の考え方、善悪なる解釈の中で、その人となりをせばめてしまいます。この世的な正義感ばかりを育てて自己満足に陥っている者が多いといえなくもありません。人によってはそれでも良いとは思いますが、やはり少しでも早く、もっと広く自由な世界観の中でいろいろなことを視たり判断したりしていただくのが良いかと思います。

まことに今は強いエネルギーがかかってきてしまっています。少し休んでも良いのですよ。

そうでなければ、例のレッスンでもいたしますか？

いえす

〝手を打ち鳴す〟ことについて

私は前の本『あたらしき星への誘い』の中で、私の体にまつわる力、エネルギーのことについて少し書きました。いま世の中には、この私のノートのような形（筆記）や、自分の声帯を使って〝声〟でメッセージを伝えたり、つまりチャネリングというものですか、そんな人達がとても沢山いらっしゃることを知っています。ですから、このような私のノートはそうした中のほんのひとつ、一つの例であるにすぎませんが、私にとりましてはこれが私の世界であり現実であるといえるのです。

ところが、いま読んでいただきました前の文章の中で、「これから先は他の人達への働きかけもしていけますように……」といった話が出てきました。もちろんこの頃の私は、まだ自分にかかってくる力（エネルギー）の質と働きといったものがほんとうに良く解っていなかったのでした。ですから他の人達のことはなおさら何も解っていないのです。

たぶんこの頃だったと思いますが、ある日のこと、「これから先は、時たまあなたには手を打ち鳴《なら》していただくことを致します」、といった話がされたことがありました。

「手を打ち鳴す？」、いったいそれは何のことだろうと思いました。でもその話の中で、「これは私とそなたの内輪の話だから、何も他なる人に話すことはない。ある時は大きく、ある時は小さく打ち鳴していくが良い」「そうすれば結果として、いろんな不思議なこと、面白いことが起きていくだろう……」、まあこんな具合の話でした。

そうか、手を打ち鳴すのか？　でも何の為？　どういう風に鳴せばいいのだろう……とその時は思ったのです。多分、あの神棚の前でパンパンとやるあれのことかな？　とも思いました。

それ以前から私には、なんだかおかしなことが次々と起きてはいたのです。あの、自然に手が動いて自分の体や人の体まで自然に手当てができてしまう、といったことなどもちろんそのひとつでした。他にも、何のことかわからないままに、まるで自分の中や自分の周囲にあるエネルギーの調整でもしているかのように、ゆっくり静かな手の動きや体の動きなどは絶えずあります。自分では出来るだけ人目につかないようにと気をつけてはいるのですが、ふと気付くとそうなってしまっているのでした。ところが今度は〝手を鳴す〟、などといったことが始るらしいのですね。いえ、そのことはほんとに始ってしまったのです。それからしばらくしてからのことでしたが……。

さて、以前にもお話したことではありましたが、私はいわゆる瞑想をしたり何かの行をしたりということは一切ありません。何かの宗教団体に入ったり、セミナーといったものを受けたこともありませんので、自分が意図する形で何か不思議なことが起きることを求めたことはありません。ですからもちろん自分が関ることになります相手の方に何かが起きる、といったことを意図したり期待したことはないのです。でも、私が何かの形で関係する方と一緒になりますと、私の中でその人ときちんと向き合おうとする決心がつくまで、とても強いエネルギーが働いてやみません。

初めはその強い働きかけの力の意味がさっぱりわかりませんでした。ごく単純に考えて、つまりはいろんな方々に対しての治療的な働きをするということかもしれない。いわゆる治療師、ヒーラーとしての仕事かな？　と思いました。ところが、そのヒーラーとしての仕事の中には実に沢山のさまざまな働きが含まれている、ということにだんだん気付いていきました。いわゆる人間的な常識で考える医者ではなく、どっぷりと視えない世界からの働きかけをそのまま体現していくといったことのようでした。

もちろん初めはごく単純なことから始りました。私としてはいつものように病気の癒しのつもりで関ったはずなのに、思わず知らずごく自然にその人の背後で手をパンパン打ち鳴してしまう、といったことがとてもひんぱんになっていきました。そうしますと、その時の相手しだいでいろんな思いがけないことが起きてしまいます。

たとえば、ソファーに腰掛けたスタイルのままで、足までそっくり床から離れてポンポンジャンプが始ってしまったこともありました。

私にはいったいその人がわざとやっているのか偶然にそういうことになってしまったのか、さっぱり解らないわけです。それに、何時まで経ってもなかなかに止みそうにもない状態がなんとも不安で心配でなりません。もしも私が後でパンパンやったことが原因ならば、やはり私がなんとかそれを止める手だてをしなければならない気もするわけです。

「大丈夫ですか？　なんでそうやってジャンプしてるんですか？」、とそっと聞いてみました。するとその彼女は、相変らず胸に腕を組んだ姿のままでジャンプしながら、「大丈夫です。こういうことは前にも経験したことがあります」、と言うのでした。「じゃあほっといていいのかしら？」とまた聞いてみますと、「多分大丈夫です。気持も悪くないし……」と言います。そして、前にそういう状態になった時のことを話してくれました。

彼女はヨガだかなんだかの教室？　道場というのでしょうか、そんなところに通っていて、そこで瞑想しながらなんとかいうマントラをとなえるそうなのです。つまり意識を集中するというのか解放するというのかわかりませんが、ある宇宙的な意識との一体化をはかるということでしょうか。そうしますと、人によっては体が浮くような感覚になったり、いまの彼女のようなジャンプが始ったりしてしまうというのでした。彼女はそのことを前に一度体験したことがあるというのです。つまり私の打ち鳴した手の波動（音？）が、そのマントラと同じ作用をもたらした、ということのようでした。

　そうしたことは、向き合う相手によってずいぶん違ってしまいます。人によっては、いわゆる〝異言〟を話し始めたり、日本語での話や異言を（つまり、いまの常識の中ではさっぱり何語だか解らない言葉ということですが）話し始めた人のそばに居た人が一緒になって同じように話し始めてしまうこともあるのです。本人同士はいったい何を話しているのかさっぱりわからないままに、とてもなつかしそうに抱き合ったり涙を流したりの会話が続く、ということもありました。また人によっては、自分でも知らない歌、メロディを口ずさんだり、踊り、ダンスを始めたりもします。時には前もって打ち合せでもしていたかのようなドラマが展開されてしまうこともあるのです。そうかと思いますと、スーッと、まるで気を失ったかのように眠るかのように倒れてしまい、その間に、いわゆる幽体離脱とでもいうのでしょうか、自分の体を離れて外から（上から？）自分や周りの状況を視てしまう人もいますし、表面意識ではわからないのに、いつのまにか視えない意識体との会話の末に、それ以後に起きてしまうさまざまな出来ごとの約束をしてしまう人や、まるで一人芝居でも見るかのように一人の人が次々といろんな存在、意識体のメッセージを話し出す、といったこともよくあります。また、私と同じようにノートを書き始める人もずいぶんあります。もちろん表面的には何ごとも起きないといいますか、感じない人も沢山なのですが、内面的には何かが変っているのかもしれない、と私は思っています。

他にも例としてあげきれずにいるさまざまな出来ごとがほんとに沢山あります。あるときはとてもドラマチックに、あるときはごく自然になんでもないこととして次々と起きてしまうのです。それらのものは、決しておどろおどろしいものではありません。また、そのようなことは、始まることを期待するといいますか、意図して行うものではありません。なんていったら良いのか、そのことは全く〝予期以外〟のところで起きてしまいます。

現代《いま》という時代は、とても沢山の、いわゆる〝自己を視る〟、あるいは、〝識る〟といったセミナーなどが流行っているように思います。

私は一度もそうしたものに参加したことがありませんので、人から少しずつもれきく範囲でしかその内容は知らないのですが、そうした中ではほとんど例外なく、〝瞑想〟といったものがとり入れられているとのことです。おそらく、静かに己れを保たせることにより、外界に表れている自分以外の自分に出逢うといいますか、あるいはこの空間に遍満としている宇宙エネルギーとの合一といったものを目指しているのかと思います。また、静かに自分を保たせることとは反対に、おそらくはとても激しい呼吸法により体内に酸欠状態を起させ、何かとの一体化をはかるといったようなことも行われているとも聞いたことがあります。いずれにしましても、人はそのようにして、この現実界以外の何かとても深遠なるもの、あるいは単に超自然的な〝不思議〟といったものに巡りあいたい、と考えているのかもしれません。

そして、そのことがかもし出す結果といったらいいのでしょうか、現実は、いろいろあるように思います。自分のさまざまな過去の歴史に出逢いながら、いま在る自分の位置を見直していく人もいるでしょうし、自分をとりまく混乱した状況の原因をさぐり出していく人もいると思います。それとは別に、突然に現実でない光や音や映像（？）などを視てしまったり、さまざまな超自然的な感覚、あるいは自分の中のエネルギーの高まりといったものを味わってしまう人達も多いと聞いています。

そして、初めのうちは何か自分にとても大きな素晴らしいことが起きたと思い、そのことを次々と追いかけていくうちに、だんだんとその行方が定まらないといいますか、いったい自分が何の為にそのようなものを求めたのか、そのことを通していったい何を得ようとしているのかが解らなくなってしまう人もいるようです。自分の中に目覚めがあり、ひらかれたと思っていたはずの出来ごとに、逆に振りまわされ押しつぶされてしまった人の例はずいぶん多くあると思います。

〝瞑想〟といったものが、いまはごく普通に人々の生活の中にまで入ってきているようですが、場合によっては思わぬ副産物を伴ってしまうこともあります。たとえば声を聴くとか文字を書く、あるいは姿を視るといったことが、何かほっとする安らぎのあるもののうちはいいのですが、とても立派な素晴らしいことをさんざん言ってたはずの存在がだんだんとその本人に〝死ね〟、とか〝殺す〟といったようなおどしをかけ始め、最後には収拾がつかなくなり相談にみえるといったケースもよくあります。

そういうものを普通には〝憑依霊〟、あるいは〝地縛霊〟が憑いたなどといって取り除くお祓いやおまじないをするようですが、せっかく求めたはずの素晴らしい不可視の世界が、一変しておどろの世界に変ってしまいます。一度そうなってしまいますと、なかなかその世界からは抜け出せなくなってしまいます。そして本人もまわりの人達も日々苦しんだあげく、なかには精神病院のお世話になる人も出て来ます。

私は何人かそのような人達をみてきましたけれど、ごく普通にとても善い人達ばかりなのです。なんでそういうことになってしまったの？　と聞きますと、ほとんど「瞑想しているうちに……」と答えます。

私は自分の中に起きていることを書いていたはずでしたのに、こんなことまで書いてしまいました。いまはほんとに人が好むと好まざるにかかわらず、いろんな非現実的な出来ごとがあっというまに起きてしまう。そんな時、そんな時代になっているのだと思います。

もちろんそれは私の中にもとてもひんぱんに起きていることですから、人さまのことをとやこういう筋合のものではありません。また、自分のものは良く、他のものは、といったようなものではないことも充分承知しています。ただ私は、自分がこのような少し変った本を出しているものですから、おそらくは他の人達より少しは沢山の情報を得られる立場にいるのではないかと思っているのです。そして、その得たといいますか、知ることの出来ました情報や出来ごとを通して、自分自身の出来ごとを透かしてみることも出来るような気がしています。

そうですね、ほんとにいまはとても素晴らしいことの起きてしまう時代であると同時に、大変危険な時代でもあると思います。少し霊的な能力がひらけてまいりますと、自分だけで収めておけなくなってしまい、それこそ人さまの悩みや苦しみの相談にのったり、軽々しく人さまの過去世のことなどに口をはさみ、入りこんでしまうといったことにもなりかねません。そして個人的に、あるいは公の場で、大勢の人達の前でと言った方が良いのでしょうか、そうした視えない存在とのコンタクトをとる、といったことなどをしてみせたりしますと、それがけっこうなお金になったりしてしまいます。そして、そのようなことにお金を借しまない人は驚くほど沢山いるようです。

そしてそれが新しい団体や宗教的なものが次々と生れていく要素になるのかも知れません。それだけ人は、視えない世界に惹かれるといいますか、求めているのかもしれません。

〝手を打ち鳴す〟、そのことによってひき起されていく世界、それはいったい何のためなのかを一番良く考えないといけないのはこの私自身である、と思います。そしてそれはいったい何のためなのかを考えたとき、そのひとつは、人間というか人の心、魂の中に潜在する別な世界、あるいは能力といったものを私自身が知る、ということなのかもしれません。

もちろん人は、このような世界を知らなくても充分生きていけます。でもこの現実の世界には、どうしても常識では捉えきれない実に不思議な出来ごとが沢山存在していることも否定できません。それを私は、自分の行為によって自分自身で知っていく、という作業をしているように思います。

神の平和と人の平和

私達はいま、歴史的にみてほんとうにとても大きな岐路に立っていると思います。たとえば、いま非常に身近な例でいえば、あの長崎県にあります雲仙岳の噴火のことがあります。あの山でのあのようなことは二百年ぶりとのことですが、その周辺に住む沢山の人達の上に、待ったなしのさまざまな災害をもたらしています。ほんとうに、尤《もっと》もらしい屁理屈などいっさい言っていられない大変な出来ごとだと思います。

私の周りでも何人かの人の口から、いまこれだけ科学文明の発達した世の中なんだから、あのようなこと、つまり人に災害をもたらすようなこと、「なんとかならないのかしら……」といったいい方を聞きました。〝あなた、いったい何いってるの？〟と思いながら、つい「なんともなるわけないじゃない」、といってしまいますが、やはりまだまだ人間としての力の過信、人間の側から見た自然のあり方、といったものが大きくその人の考えの中にあるのだな、と思いました。

以前私は、ノートの中の人達に「人にとっての平和と神にとっての平和とは違います」、と言われたことがありました。これは、言葉だけで聞いてしまえば何でもないことのように思いますが、ほんとうはとても大変なことを言っているのだと思います。たとえば、いま例にあげた雲仙岳のことでいえば、この噴火そのものはいわば、〝神〟（宇宙、あるいは地球）にとっての平和であり、〝人〟にとっての平和ではないということです。

とかく私達は、神や仏を人間にとって都合のいい〝お助けマン〟的に考えてしまう傾向があると思います。人にとって哀しいこと都合の悪いことなどが起きれば、神さまがそんなことをなさるはずがない、と言ってそれを全部悪魔のせいにしてしまったり、神仏の罰があたったなどと言ったりします。

今回の噴火は、この地球にとってはなんてことのないちょっとしたゆするぎ、身ぶるいといったものでしょうし、地球の体内で少したまりすぎた力、エネルギーを外に放出することで、身を整える生理作用といったものの範囲のことに違いありません。つまりそれは、地軸のバランスを整えるということでもあると思います。ところがたまたまそこに、そのようなことを念頭に入れてなかった人達が住んでいた、生活していたということではないでしょうか。地球にとってのほんのちょっとした生理作用が、私達人間にとってはとんでもなく大きな災害となってしまいます。

つい最近、私は農家の畑の手伝いをしましたが、勢いよく生えた草をエイヤッ、と引き抜きましたら、ワッと小さなアリさん達が溢れ出てきました。たまたまそこに居を構えていたアリ達にしてみれば、とんでもない大災害であり大被害そのものでしょうが、そのことをしてしまった私は、「あ、悪かった、ゴメンゴメン」といった程度のことでしかありません。ですから、地球全体から、あるいは宇宙的な視野でみたとき、今度のことは何ほどのことでもないはずですが、そこに住んでいた人達にとっては本当に大変なことです。

もちろん私は、だからなんでもない、なんてことを言っているのではありません。私達がどこまでも自分の側からだけ世の中や自分の周りに起きる出来ごと、人との関係、ちょっとした会話のゆき違いといったものをみようとしますと、とんでもなく大きなくい違いといったものが生れてしまうのではないかと思います。

もしいま、これらの火山活動が人為的な何かの形で抑えられてしまったとしますと、地底内のエネルギーはその行き場を失い、完全にバランスを崩し、そう遠くない時期のうちに、いま見る以上の大きな災害となって表れることになると思います。

長崎と同じようなことがいま、フィリピンでも起きていますし、これから先にはもっとひんぱんに、さまざまな天災が起きていくことと思います。その時私達は、そのことをどうみていくかを知らなければいけないと思います。おそらく人は、長く広い神の目、視野からみれば、当然住んではいけないところに住み、やってはいけないことをしてしまっているのだと思います。

他にもこれに似たことは沢山あります。たとえば、前の十月二十四日の文中にもありましたような「人としての正義」、といったようなことなども、「神の平和」「神にとっての正義」とは相反する側面を持っているのかもしれません。

ですから今までの宗教的な観念ですとか、道徳観、あるいは正義観、善悪の概念の中でいえば当然あってはならないこと、決して許されないような行為が、現代を生きる人達にとってはなんでもないこと、あたりまえのこととして通用してしまっていることは沢山あると思います。これから先は、そのことがさらに大きなスケールで変ってしまうのではないでしょうか。たとえばそれは悪とはいわないまでも、今までは哀しみですとか苦しみ、悲劇として捉えられていた〝死〟といった出来ごとが、実はそれは全くなんでもないこと、つまり、ひとつの〝生〟からいまひとつの〝生〟への移行の問題でしかない、と知ったとき、人々は自分の生活の中、その周辺、あるいは地球的なスケールで起きるありとあらゆる出来ごとを見る目が大きく変っていくと思います。

そうですね、話はまたガラッと変ってしまいますが、いまの私達の社会の中では、人が平等に扱われることを強く主張し、それが善いこと、平和なことであるといった考え方があると思います。そしてそのような主張をする時のほとんどは、人としての〝無差別の権利〟といったものの主張であるように思います。たとえば、地位の男女差を無くすとか、賃金の差別とか生活レベルの格差を無くすといった内容のうちは良いとして、もしほんとうに人がありとあらゆる場で全く平等な生活をし平等に扱われるとしたら、それは逆に悲劇と混乱を招いていくことになるようにも思います。

割と最近まであった話ですが、例えばあの沖縄がまだ琉球国といわれたころ、人はどんな事情があったとしても、約一メートル四〇センチ程の石の柱の高さをその背丈が越しますと、男は穀物、女は織物を税として納めるしきたりがありました。つまりそれは世に言う〝人頭税《にんとうぜい》〟というとてもきびしく苦しい税のとりたての仕組でしたが、ことの善し悪しはおくとしまして、これなどは全く〝平等〟な仕組であったはずなのです。

この話はほんのちょっとした例にすぎず、いままでの人の歴史の中ではどれ程の表面的な平等扱いによる苦しみがあったことかと思います。それほど大げさに言わなくても、たとえば学校のＰＴＡの委員とか町内会の役員とかが、その家や人の事情など全くおかまいなしに平等に押しつけられたらほんとに大変です。

人に違いや差、個があるといったことは、本当はとても素晴らしいことであり、そこにまた何回、何十回、何百回にもわたる人の転生があることの事実と重ね合せてみれば、その時ただ一回の生の中で眺めた不平等が、実は一分《いちぶ》のすきもない平等の仕組にのっとったものである、といったことがみえてくるはずなのです。そうしますと、いまこのようにして、ありとあらゆる人々の中にある不和や不平等といったものが、ほんとに長い神の目から見た時、これ以上の平等はなく、これ以上の平和はないということになってまいります。そこに私達は、一時的な狭い人の目から見た一時的な平和と、宇宙的な神の目から見た平和とのはっきりとした違いを知ることになると思います。

イタリア・アッシジでの出来ごと

この解説の前に書きました文章の中に、私達人間の中にはさまざまな個性の違い、あるいは差、不平等といったものがあるけれど、それはとても大切なことである、といったことを書きました。そのことをもっと解りやすく、そしてとても具体的に言い表したものがたまたま手元にありますので、ことのついでにここに紹介してみたいと思います。それはほんとうは文字で書かれたものではなく、私の声による、いわゆる一般的には〝チャネリング〟といった行為によって行われたものです。そのようなこと、私にとっては初めての出来ごとでしたから、そのことについて少し説明したいと思います。

私が前からぜひいつかは行ってみたいと思っていた処のひとつに、イタリアのアッシジがありました。

〝アッシジ〟という小さな街は、あの小鳥や狼たちとお話が出来た〝セント・フランシス〟という聖人の生れたところ、といえば誰もがよく知っていると私は思っていました。ところが意外と知らない人の方が多いのに驚きました。やっぱり彼はイエス・キリストほどには有名人ではなかったのかと思いましたが、どうしてか、私は若い頃からその人の名を知っていて大好きでした。すでにお読みいただいてお解りのことと思いますが、私の本の中には時々、〝ふらんしす〟といったサインが出てきます。それがそうなのです。いえ、その人なのです。

そのセント・フランシスは、十二世紀のイタリアに生れ生きた人です。公生活といったようなことでいえばイエス・キリストよりは長く、また本当に多くの仲間（あるいは弟子達？）を持ち、それこそさまざまな奇蹟と超意識の世界の中で生きた人でした。この人のことをこまかく語っていきますと、こんな解説ではまにあわなくなってしまいますから、もしご存知ない方は何か他のものでぜひお読み下さいますようにと思います。

私がそのイタリア、アッシジへの旅に参加しましたのは、約二年ほど前の一九八九年四月のことでした。旅に出ることになりましたいきさつはそれなりにいろいろありましたが、とにかく私は、前回のエジプトの時とは違い、ただの観光旅行ではなくはっきりと「ニューエイジ・ツアー」といったひとつの目的意識を持ったグループの一員に加えていただきました。企画者は千坂さんという方で、参加者数は二十名を少し越していたように思います。例のシャーリー・マクレーンの本の訳者で有名な山川紘矢さんなども一緒でした。

その時の旅は、いま思いますとほんとうに沢山の素的な出来ごとに恵まれていたと思います。まず私達の乗っていたソビエト航空機、アエロフロートがあと三十分ほどでローマ空港に着こうとした頃でした。突然後部座席から素的な歌声が響きはじめたのです。ほんとうにそれは、まるで降って湧いたような……、そんな感じでしたが、その声に和する声は次々に広がり、あっというまに機内全部を満す大合唱となってしまいました。ほんとにいまでも信じられないような思いがしてなりません。

そこにはたまたまローマ、いえローマ法王に謁見して歌をうたうためにソビエトから旅するコーラスグループが乗っていたのです。もちろん歌は一曲だけではなく、次々とリレー式にうたいつがれ、そのグループ以外の沢山の人達がそのコーラスに参加しているように思えました。

「ワッ、なんだろう?」「素的!」、と突然のプレゼントに興奮はしているものの、なかなかその歌声に参加出来ずにいるのは私達日本人の旅の仲間だけでした。ふり向けば、歌っているいろんな人達と目と目が合います。そして目で、「やあ!」といったあいさつが返ってきます。機内がなんともやさしく親しくなごみあって、この夢のようなひとときがすぎていきました。

飛行機自体は数時間も遅れてローマに着いたのですけれど、もう誰もそんなこと気にしないというか、忘れてしまっていました。むしろ、もっともっと歌と一緒に飛んでいたいと思いました。これは全く予期せぬ出来ごとでしたが、私達の今度の旅がどんな旅になるかの前兆のような気がしたのです。

ローマ空港には、アッシジ在住二十年にもなる、牧師さんでありお医者さんでもある澤田高《たかし》先生が迎えにいらして下さいました。これから先向う一週間、ずっとお世話下さるとのことで、はじめはどんな方かよくわからずにいましたが、日一日とそのやさしい人柄と、それにも勝る噴き出るような情熱の持ち主でいらっしゃることを知りました。

着いたその日は、ローマ郊外にあるベネディクト派修道院のサン・コシマト宿舎に泊りました。その宿舎に日本人が泊るのは全くの初めてということで、深夜到着にもかかわらず大変な心遣いのもてなしを受けました。そこでいただきました食事の数々、とても美味しいのはもちろんのことでしたが、その量の多さには全員びっくり仰天。それ以後の旅の間中、私達はまるでホアグラ用人間になってしまうのでは？　と思うほどに大量の食料ぜめにあってしまいました。ほんとに贅沢な話でした。

そうですね、話は次々とはしょっていかなければなりません。なにしろこれは〝旅行記〟ではなく、たんなる解説なのですから……。

次の日の宿舎は、アッシジの下の街（丘の下ということです）にある大きな農家を改造した小さな素的なホテルでした。次の日からは、これまた日本人初めてというサンタ・マリア・デリ・アンジェリという大きな寺院つきの宿舎泊りでした。その寺院の屋根の上には金ピカのマリアさまが立っていたものですから、一緒の若い人達は、キンマリア、キンマリアと呼んでいました。しかしそこは、その〝フランシスコ〟を愛する人達にとっては、とても大変な処だったのです。その寺院こそは、かつての時フランシスコとその仲間達が乞食どころかそれ以下のような姿で、神を求め、キリストの復権を求めて生き続けた場所であり、フランシスコが息をひきとったところでもありました。そうです、つまり小さな小さなポルチウンクラの聖堂を、屋根にキンマリアを置いた見上げるような大聖堂で覆ってしまっていたのです。

アッシジの街やその周辺には、フランシスコゆかりの見るべき処がとても沢山あります。たとえばごくごく初期のフランシスコとそのわずかな仲間達が、日夜瞑想にはげんだといわれるカルチェリーの山とその寺院。あるいは晩年、そう、死を迎える二年程前の数カ月を、腹心の従者レオーネと共にこもった聖なる山、ラ・ベルナ山。そこは、ひとりたまらぬ求心のもとに、フランシスコが死をもいとわぬ覚悟の数十日にわたる瞑想に入った山でした。そしてある日天空に現れたケルビムから、イエス・キリストと同じ、手首、足首、脇腹などに聖なる傷（聖痕）を受けた山なのですが、そのような普通の旅ではなかなか行けないところに、先の澤田先生はご自分の診療所をすっかり閉めたまま、それこそ夜も昼も一緒になって案内して下さいました。

特にその澤田先生は、フランシスコはもちろんですが、彼のそばにいつもまるで影のようにつき添い続けた一人の人物、レオーネが大好きとおっしゃって、あちこちでの解説でもレオーネのことになるとさらに熱が入る勢いとなるのです。レオーネは絶えずフランシスコと行を共にしていて、フランシスコの言動の大半を記録した人といわれています。また人によっては、弟子というよりは師であったともいいます。

そのレオーネはこの私も大好きでしたから、それでは特別に、レオーネ自身の瞑想の場に案内しましょうということになりました。それは、アッシジのとなり街にあるカルチェリーという山の中にありました。初期の仲間達一人一人の瞑想の場所といったものがあるようでしたが、特に彼レオーネのものは、とある山肌にある岩穴でした。しかも両方吹き抜け、つまりトンネル状のもので、澤田先生の話によりますと、彼は自分を厳しく律する為特にそのような場所を選んだというのです。夏場は涼しくていいかもしれませんが、冬の厳しい寒さを思いますと、思わずブルルッと身ぶるいが出そうでした。

まあ、この旅での出来ごとの数々は、ほんとにあげれば切りのないことになってしまいます。そろそろこの項のメインテーマに入っていかなければなりません。

旅の日程は四月六日から十三日までの八日間でした。四月九日が土曜日、十日が日曜日で、その日曜日には上の街にあるサン・ダミアーノ修道院のミサに出掛けることになっていました。このサン・ダミアーノというお寺は、フランシスコをテーマにした映画『ブラザー・サン　シスター・ムーン』の中に出てくる、例の壊れた廃墟のような寺院のことです。そこは彼フランシスコに〝私のこわれた教会を立て直してほしい〟、と声をかけてくる板製のキリスト像のあった寺院なのです。つまり彼フランシスコは、そのほんとうに壊れてしまっている教会の建て直しと勘違いして、街に出ては石の施しを受け、ひとつ、またひとつと積み上げながら立て直しをはかりますが、そのうちにそのイエスの言った〝壊れた教会〟の本当の意味を知っていくわけです。

ところで、私がこの一連のノートをとり始めた初めの日は、それより丁度一年前の一九八八年四月九日のことでした。いえ、九日の朝その合図を受け、実際に書き始めたのは十日の未明でした。それからほとんど毎日あきもせずせっせと書いてきたわけですが、ある日そのノートの中で、「書くのもいいけれど、ちょっと声を出してごらんなさい」、といったようなことを言われました。でも、その〝ちょっと声を出す〟ということの意味が、私にはあまりよく解りませんでした。そうしますと今度は、「それでは、いま書いたこのノートを声を出して読んでみるといいのです」というのです。つまり朗読するということです。とその時の私は思っていたのですが、ほんとうはそうではなかったのでした。つまりは、このようにして文字で書くかわりに、その同じ内容のものを声によって表現する、その伝え主になりすまして語るということでした。そんなこととはつゆしらず、私はまずは言われたように、その時のノートのそこかしこを声を出して読んでみました。少し棒読みではなく、とは思っても、やはり国語の時間のそれのような雰囲気からは抜けきれません。

さて、私達の泊っていましたサンタ・マリア・デリ・アンジェリ寺院宿舎の入口近くには、小さなリンゴの樹がありました。丁度花のまっさかりで、周りの緑の中でただ一本だけ、ぽっとピンクの灯《とも》りがついているような感じでした。別にその樹に呼ばれた、といった気はしなかったのですが、とにかく初めは何の花だろう？　といった位の気持で寄っていったのでした。ほんとにその樹はまだあまり大きくなく、花の位置も丁度私の頭を覆うような低さで、その下に立つとまるで花帽子でもかぶったように思えました。満開の花には、思わぬ蜂の大群がその蜜を吸いにきていました。一匹二匹と違って、それだけの数の羽音は、まるでブーンと機械的なものになって聴えます。そのまるで花にたわむれているような姿を見ていますと、ふと、〝あ、これって、フランシスコの世界ね〟と思えてくるのです。

ところがそう思ったとたん、とてもおかしなことが起きてしまったのです。まずは私の口の中や唇が妙な動き？　をしました。何か麻酔をかけられたような、筋肉のつくりが変えられたような、何か変な感じなのです。そして私自身がしゃべり出しました。「ようこそ皆さん。この遠いイタリアの国まで、よくおいで下さいました。私は皆さんがこうしておいで下さいますのをとても楽しみにして待っていましたよ。そうです、私は、今回皆さんが私ゆかりの地を訪ねて下さることになりましたふらんしすこ、というものです……」、といった具合にとてもゆっくりとしゃべっていくのです。もちろん私以外にそこに人が居るわけではありません。誰も居ないのに、まるで居るかのように一人でしゃべっているのです。

いえそれよりも、とてもおかしなことは、その私の語りくちといいますか、イントネーションというものなのです。それはいわゆる日本のものではなく、まるで外国の人が上手に日本語を話している、といったような感じのものでした。普段でしたらとても真似の出来ない発音なのですから驚いてしまいました。

〝え？　これっていったい何？　いったい何が起きてるの？〟、ほんとにほんとにそう思いました。書いてるときは全く自分の手を動かして、自分で文字を表しているわけですからそれほどの驚きはなかったのですが、今回は、この私自身がまるで外国人になってしまったように変な発音でしゃべっているわけですからびっくりです。

そうしますと、それでは、といわんばかりに今度は別な意識、存在のおしゃべりが始りました。「以前このことは、あなたにお推めしてあるはずなのです」というわけです。つまり、例の〝ちょっと声を出してごらんなさい〟といったあれのことでした。〝ヘエー、声を出す、使うということはこんなことだったのか……〟と私は思いました。

そういえばこのイタリアへの旅が決った時、またもや彼等は申しました。「今度の旅は、あなたにとりましては、やはりとても意味のある特別の旅となるはずです。そこで何を観、何を感じ、そしていったい何が起きることになりますか。あなたにも、そして同行される他の方々にとりましても、決して忘れることのない、とても素晴らしい旅となることでしょう……」

その前の年、あのエジプトへの旅が決った時もそうでした。いったい〝何〟とは言わないのですけれど、何かあるある、といかにも思わせぶりなことをおっしゃるわけです。

そんなことを頭で思いながら、私の口の方は例のノートに登場しますサインの主たちが、その声音、つまり、高い声低い声、ゆっくりだの速いのだの、そして言葉使いもさまざまに、次々とチェンジしては挨拶と簡単なメッセージを語ります。まるでリンゴの樹の下に立って一人芝居をしているようなものでした。いえ、そこに自分以外の人が誰も居なかったのはとても幸いだったと思います。もし誰か居たら、恥ずかしくてとてもそんなことしていられなかったでしょう。

ところが、ほんとうはそうではなかったのです。一人だったのはその時だけ、それ以後ずっと旅の間中、時にふれ折にふれ？　私の口は勝手にそうなってしまいました。普段のぞんざいな話し方ではなく、とても丁寧な、いわゆる敬語ともいえる話し言葉になってしまい、思わず周りに居る人達を驚かせたり面白がらせたり、大変なことになってしまいました。もちろん参加者の全員が私のそんな状態に気付いていたとは思わないのですが、それでもそれは、ほんとにおかしな出来ごとでした。

そして、やたらと私の体と声を使いたがる彼フランシスコは、時にはとんでもないハプニングを起したりするのでした。たとえばそれは、上の街にあるフランシスコ大聖堂に行こうとした時のことでした。その大聖堂は、下の街のポルチウンクラで亡くなった彼の遺体を収めるために、生前中絶えず彼に反抗し続けたエリアという一人の仲間が、さっそくにローマ法王から許可をとりつけ、上の街のとても見晴しの良いところに造りあげてしまったものでした。つまりエリアは、生きながらにして聖人となってしまっていたフランシスコが死んだからには、このアッシジの街がどういう街、どういうことになるかをよく知っていたのでした。つまり彼フランシスコは、それ以前もそうだったのですが、あのラ・ベルナ山で聖痕を受けてからはなおさらに、絶えず不可視の世界との往来があり、まことにイエスの再来ともみられるほど、驚くような沢山の奇蹟と治癒の数々を人々の前に示していたからでした。ですから、そのフランシスコが死したとなりますと、まさしくこのアッシジの街は聖地となり、世界中から巡礼者がわんさとやってくるだろうことをはっきりと見越していたのです。この聖なる街アッシジを訪れる人々が下の街を通りすぎ、ウンブリアの丘の街と呼ばれる上の街へ入ろうとする時、かならず目に入るのが、その丘の斜面にせり出すようにして建てられているこの大聖堂の威容なのです。たぶん、もしフランシスコが生きていたら、〝いやだいやだ、行きたくない〟と身をゆすっていやがったに違いないこの大聖堂の中に、下の街ポルチウンクラからエリアはその遺体を移してしまいました。

その大聖堂へも、私達は約一時間の予定で見学に行くことになっていました。ですから旅の仲間達と一緒に、当然私も行こうとするわけですが、肝心要の私の体は、といいますか足は、一歩もその方向へ行こうとせず（つまり私の意志と関係なく全く動かないということです）、結局みなさんと一緒に行くことは出来ず、外で待っているはめになってしまいました。それどころか、自分はサン・ダミアーノの方に行きたいと言うのです。最後の日、ローマのサン・ピエトロ寺院に行った時なども、その入口手前のわずか三段の石段を、どうしても私の足は上ろうとせず、仕方がない、ときびすを返しますと、逆の方向にはさっさと動き出すといったありさまでした。結局、極端に彼の意に反する処には決して足を踏み入れないといった、強い彼の意志が働いていたように思います。

もちろん他にもいろんな出来ごとはありました。それを知る人知らない人、さまざまです。

ほんとにこれはとても長くなってしまいましたが、初めに書きました私の〝声〟による

〝フランシスコのお話〟、といいますものは、旅も終りに近い、アッシジからローマまでのバスの中での出来ごとでした。

もうその頃には、まだ半信半疑ながらもそのおかしな調子の語りくちにはすっかり慣れてはいました。しかし、いったい最終的にどういうことになるのかは解りませんでした。

バスの中は広くて、私達はいつも余裕を持って座っていました。私もたいがい席は一人でした。でもその時ふっと、土田先生（画を描かれる土田邦彦さんです）を私の隣の席にお呼びしようと思いました。それは、アッシジに居る間時々そばにいらして、「一度山田さんにちゃんとお聞きしたいことがあるんですけどね……」とおっしゃっていたからです。

隣にいらした先生と私は、少しおしゃべりを始めました。先生は最近〝悪〟について、またよく人のいう〝悪魔〟といったものについて、あるいはその扱いについてなかなか疑問に思うことが多く、どうしてもそのあたりのことを深くよく識りたいと思っていらしたとのことでした。

その頃、まだ私の本は一冊も形になっていませんでした。アッシジから帰ったあと、やっと一冊目は出来たのです。ですから同じ旅の仲間でも、このようにして私がノートをとっていることを知っているのはごくわずかな人にすぎませんでした。先生は誰方《どなた》からか、私のノートの内容を少しお聞きになっていらしたようでした。

もちろん私は、そのノートに即して私なりの考えを話そうとしたのですが、途中から例の外国人口調になってしまい、次に紹介致します話を約三十分近く致しました。先生はあわてて八ミリカメラの音の部分でその時の私の声を収録したというわけです。私は自分の声による話といったものはほとんど音にとるということをしていませんが、これはある意味で例外的なものであり、私にとってはひとつの記録になったと思います。

そうです、この話はもうこれで終っても良いのですが、やはりどうしてもいまひとつだけ付け加えておきたいことがあります。それは、あのローマに着く前に機内で突然湧き上ったコーラスグループとの再会のことです。

私達はすべての日程を終り、またまた澤田先生のお世話になりながらローマ空港のロビーまでやってまいりました。搭乗までには少し時間がありました。グループの大半は空港内での最後のお買物に三々五々散っていってしまいました。何人かのメンバーだけがそこには残っていました。その時、またもや突然あの美しい歌声がすぐ近くで聴えてきたのです。

「エエッ、まさか?」、そこにいた誰もがそう思いました。偶然にしてはあまりにも……、と多分みんな思ったと思います。

もちろん私達はすぐにその声の方にかけ寄りました。やっぱりあの人達でした。あちらの人達も私達のことを覚えていてくれて、数曲の歌のあと思わぬ抱擁が始ってしまいました。別々だったのはわずか七日間のことでしたが、互いにまた再びこのようにして逢うなどということは考えてもいなかったのです。彼らはとても嬉しそうにそれぞれのバッグの中から、正装した自分達と法王とがひとりひとり握手を交している大判の写真を出して見せてくれました。ローマ法王の前で歌ったことの記事も、彼らの見せてくれた新聞には写真入りでのっていました。彼らは記念にと、各々にピンだの石だのをくれました。私には、とても若い女の子が琥珀の石をくれました。私はあのカルチェリーの山道でひろったローズストーン（多分）のかけらを手渡しました。素晴らしいプレゼントの交換です。

それより何より、このアッシジへの旅は素的な本物のコーラスで始り、また同じ人達の祝福されたコーラスで終ったのでした。

何か、ほんとうに忘れられない旅でした。〝フランシスコ〟という人は、とても歌の好きな人だったときますが、十日、日曜日のサン・ダミアーノでの沢山の歌に溢れたミサもとても素的でした。そんなことを思いますと、何かやはり今度の旅は、この目に視えない人達によってうまく演出されたような気がしてなりません。

一九八九年四月十一日（アッシジからローマへ向うバスの中で）

※これはバスの中での語りくちをそのままにしてありますのでご承知下さい。

善も悪も、すべては同じことで、ひとつの現象を善とみるか悪とみるかは、もちろん私たち人間の都合によって、それはそうみますね。他のものにとっては、善も悪も何もありませんでしょう。

ですから、一人の人間からみた時に、たとえば、季節がかわって夏の暑い日ざしは困りますけれども、そうですね、夏は日陰が大好きですね、人々は。しかし冬になれば、今度は暖かい日ざしが恋しくなって、夏涼しかった影はいやになりますね。同じ光と影でも、その時の季節とか、人間の置かれた都合によって、好きになったり嫌いになったり致しますから、そのことひとつから考えても、善とか悪とかと言いますものは、人間の都合によるものだということを知ることができると思うわけです。ですから私たちは、そのことをもう少ししっかり詳しく皆さんがわきまえて下さると、とてもうれしいと思うわけですね。

たとえば、「ひ」というものをとって考えてみるとよいのではないかと思います。「ひ」は、火力の「火」のことですね、お日さまの「日」ではなくて。

それで、火というもの自体には何も善も悪もありませんけれども、火の量が沢山ある場合、たとえば原爆にしましても、大きな火事にしましても、噴火というかたちのものに致しましても、火の量が多い場合は、人々にとってはそれは悪ですね。災害となりますけれども、その火が全く無い場合は、人々はとても困りますね。

人々の科学のためには、火はとても大切なものですし、暮しの中の暖をとる火であるとか、煮炊きをする火であるとかは、無いと困ります。それから、明りをとるための火、暮しの火はとても大切なものですから、火は小さな量であれば、人々にとってはとてもありがたい、やさしい火ですね。

ですけれども、先ほど申しましたように、多い量になりますと、人々は大変に困ります。しかし、火そのものは、善でしょうか、悪でしょうか。それは人々の考え方の問題であるといえるわけですね。

ですから、火に対して「水」というものも、同じふうに考えていけると私たちは思います。あなた方は、わざわざ私がいわなくても、すでにその位のことはよく知っているわけです。しかし、知っていながらそれを他に応用することが出来ませんね。

人が〝死ぬ〟ということは、皆、悪だ、悲しみだと思っていますけれども、私たちがいまここで述べていますように、輪廻転生、生れかわりのしくみをあなた方がよく理解致しますならば、死といいますものは、単なる移行、今ひとつの生への移行でもありますし、本来実在する世界へ〝帰る〟ということでありますから、別に悲しいことではないわけです。

しかし、あなた方の今までの暮しの中には、なかなかそのしくみが理解されていませんし、また身近な者、愛する者の死は悲しみであり、嘆きであるといったことは、ひとつの学びでもありましたから、それはそれでよかったわけです。

しかし、死を恐れたり、憎んだり、悲しんだりする心の動きといいますものが、絶えずあなた方の生き方を制限していくわけですね。暗い方に、暗い方にと持っていきますから、それは言わば、暗い波動をこの宇宙にみなぎらせるということであります。

この宇宙のすべてのしくみは、波動によって成り立っていますから、あなた方がたとえ正義のための怒りであるとか、生命《いのち》のための怒りであると申しましても、その怒りの波動はまことに強く粗いものですから、その波動が集積致しますと、自然界のしくみにも影響を及ぼしますので、たとえば、鎮まっていた火山の噴火を導き出したり、大きな災害をひき起す元にもなっていくわけです。

人々はこの宇宙の成り立ち、地球のしくみの成り立ち、人々の肉体の成り立ちも、さまざまなことがすべてひとつの波動、バイブレーションであることを理解致しますならば、人間にとって悪であるとか善であるとかではなくって、もっとやさしく穏やかな波動を人々がいつでも自分から出している状態にならなければ、この地上の大きな災いは、決して無くなってはいかないわけなのですね。

あなた方の中には、過去からさまざまな予言と申しますか、終末的なこの世の終りのことなどが、非常に悪いかたちで予言、と申しますか、伝えられているわけですけれども、そのことについていえば、それはあらかじめの予告、予定図にしかすぎないわけですから、あなた方がすべて、粗い、重たい、激しい波動を出したり、恐れの波動を出したり、悲しみの波動を出し続けていれば、それは避けられない現象として起きてしまうわけです。

しかし今ここで、あなた方がとてもやさしくなると申しますか、この私たちの生命そのものが、宇宙のしくみの中で、結局は死と思ったものが、まことに生きるということであるということを理解し、人々がさまざまに持っている性格といいますものも、その生れかわりのしくみの中で、だんだんに高処《たかみ》へと高められていくということとか、人と人とのかかわりの、あなた方が災いとか、わずらわしいとか思っているようなことも、すべては生れかわりのしくみの中で解消されていくということをみていくならば、つまりはあなた方が、非常にこの世は不平等だ、不公平だと思っているような出来事であっても、いずくかの生の中ではそれは同じになって、同じ神のもとに戻っていくプロセスであるということをよく理解されますならば、何も怒ったり泣いたり、悲しんだり嘆いたりしなくてもよくなっていくわけなのですね。

そのようにして人々の心が落ち着いてまいりますと、この地球全体をおおっていました波動がとても落ち着いて、やさしくなってまいります。宇宙全体にもそのことはひびいていくわけなのです。あなた方地球の問題だけではございません。

それですから、落ち着いてまいりますと、本当は予想されていたような大きな破壊であるとか災害であるようなものも、そこで低められて、小さなものとなっていくわけですね。

ですから何も、あなた方は予言があるからとか、今まで、たとえばノストラダムスの予言とか、ケーシーの予言とか、いろいろ言われてきた予言の的中率が高いといって、これから起きようとする計画されたものも必ず起きると思うのかもしれませんけれども、そうではないわけです。あなた方が今ここで、非常にそれらのことをよく理解して落ち着いていきますならば、それらのことは、少くとも、大きなはずのものを小さくしたり、起きるはずのものを起きないようにしていくことだって出来るのですね。

ですから、何も恐れることはないわけなのです。それに、たとえそういう災害が起きても、生命を失うようなことがあったとしても、その生命とはそこで終るわけではありませんから、また新しい生命としてよみがえる日があるわけですから、そういうことも恐れることはないわけです。

たとえ、災害というものとか、いろいろに出逢ったと致しましても、その時はまことに悲しく辛く、痛くて苦しくて、そういう目に逢うかもしれませんけれども、それはそのことに出逢った人の、それまでに積み重ねて来たひとつのカルマの解消ということにもつながるわけですから、むしろ喜ぶべきことであるといえなくもないわけですね。

それであなた方は、また新しい生命に生れかわっていくわけです。それですから、そのことにこだわりを持ちますと、それはそのまま、そのこだわりを持った波動の世界に移行致しますから、その辺を少し気をつけないといけないと思います。

少しおしゃべりを致しましたけれども、このあたりのことを是非とも理解なさって下さい。

誤解のないように、これらのことは話さなければいけませんけれども、過去の教えがすべてではないということを、よく知らなければなりません。現実といいますものは、いつでも変化していくものなのですね。現実といいますものは、その時その時に生きる人々の想いの中でつくられていくものなのですから、現実がこうであるとか、過去の教えがこうであるとかいうことに、あまりこだわらない方がよいわけです。

たとえ私の伝えました教えでありましょうとも、もうすでに数百年もたっているわけですから、あなた方人々の暮し方や、ものの考え方、この地球の歴史の変化、宇宙のしくみの中でのひとつの役割りといいますものが、さまざまに変化しているわけですから、そのように考えていかなければならないわけですね。よいでしょうか。

これからは、きっとさまざまな混乱が起きていくと思いますけれども、……そうですね、あなた方はいつでも今回の旅の、美しいあのウンブリアの丘の街の景色を思い出して、心をなぐさめて下さい。しかし、もはやそこにこだわることはございません。それは単なる思い出というものですね。これから新しい時代に向けて、また新しいあなた方の歴史が始るわけですから、いつまでもアッシジにこだわっているのはよくありません。

＊今、生きているところですね。（土田）

そうですね、いつでもあなた方の魂は〝アイ・エヌ・ジー（ｉｎｇ）〟ですね。そして私たちは共に、あの全き神の光のもとに、ひとつに溶け合おうとしているわけですから、そのことを忘れてはいけないわけなのです。

すべてのものには何も差別はないのですね。それは〝差別〟ではなくて、〝個性〟というものでありましょう。ですからその個性がなければ、この世の中は何とつまらないとは思いませんか。いろんな人がいるから楽しいのですね。同じロボットのような人間ばかりがいては、とてもつまらないと思いませんか。

ですから、いろんな人の個性を尊重して、楽しく生きていくのが一番よいですね。この自然界の植物の姿を見ても、全くそうですね。いくら美しいと言われても、聖なる母のあの清らかさを湛えた花だと言われても、あの白い百合の花だけしか咲かない世の中であれば、何とつまらないことでしょうか。赤い花もあり、紫の花もあり、青い花もあり、大きな花、小さな花、小鳥たちもさまざまな姿かたちをしていますから、それで楽しいのですね。変化があるということは、とてもよいことなのです。

しかし、それらのものも、いずれは同じ神の光の源に一度《ひとたび》は帰っていくことになっているのですね。そしてひとつに溶け合って、神なる宇宙意識は、しばしの間、休息というものを致します。

けれども、そこからまた新しい宇宙の創成活動は始められていきますけれども、それまでの時間といいますものは、おそらくはあなた方の思考の範囲ではとらえることは出来ないのです。それですのに、あなた方は自分の持っている時間の概念の中で、さまざまにいつのっているわけですね。その悠久なる宇宙の偉大なしくみの感覚を、少しはとり入れるとよいかもしれませんね。そうしますと、少しは物事を余裕をもってみていくことが出来るのではないでしょうか。まだまだそのプロセスのしくみは、あなた方にはよくわかっていないと思います。

バスが止ってしまいました。少しこちらもお休み致しましょう。

（ふらんしす）

注・いまこれをずっと読み返してみますと、ほんとに何か、とてもたまらない懐かしさがしますね。その時の言葉の調子ですとかまわりの人達の様子、テープを聴いていますと、バスの走るエンジン音とか、途中からいつのまにか入ってきていた美しい宗教音楽的なメロディなど……。そして皆さまは気付かれましたでしょうか。彼フランシスコは、本当はイエスの母、聖母マリアがとてもとても大好きでした。それなのに、〝いくら美しいと言われても、聖なる母のあの清らかさを湛えた花だと言われても、あの白い百合の花だけしか咲かない世の中であれば、何とつまらないことでしょうか。赤い花もあり、紫の花もあり……〟と語っていくのです。そこが私はとても印象的だといつも思います。

十月二十五日（火）

＊おはようございます。今日は久しぶりに、西尾さんの家におじゃまします。以前、ニライ・カナイの会をやっていた人達と一緒です。西尾昇さんが亡くなられた頃のことをいろいろと思い出します。あの亡くなられる数日前の謎めいた言葉も、いまならば解るような気がします。

はい、心素直な良いお仲間たちです。また、亡くなられた彼にしましても、まことに素晴らしい魂の持ち主でありました。この戦乱の時を、自説を曲げずよく己れを保ち生きた者でありましたことを、私達もよく知っているのです。

彼《か》の者、ひとたびは我らの在りて在るがわに来たりたる者なれども、そなたらに一言、言い残すことがあり、その魂のままにそなたらの住い致せし側に戻りたるものなり。

彼の者の言い残したるはいかなることにてあるや。そなたら住い致せし人の世にありても、その人柄、魂のうちにはさまざまなる異りあるも、死したるのちにては、そのことまたさらなる世界にてあることを伝えたるものなり。人の世はまことにこの世ばかりではなきこと、他にも生くる世界あまた有りたること伝えしなり。

るしえる

＊このところ、少しもまとまった時間がとれません。書きたいという気持はあるのですが、それだけの余裕がとれずにいます。

はい、致し方ありません。今日のようにして、また新しい人達との出逢いの中で話す時間をとりますこともまた大切なことですから、それはそれで良いと致しましょう。

このような話が、すべての人にそのままストレートに入っていくということはないでしょうが、その全体像の中から、何か今までとちがったことが少しずつ伝わっていきますならば、まずそれはそれで良いと思います。また次に話す折があれば、もっともっとさらに深く理解して下さるにちがいないのです。みなさまとても素晴らしい方ばかりなのですから。

ことに、亡くなられた西尾氏にありましては、まことに清貧に甘んじながら、よくその生きる姿勢を正しく貫かれたものでありました。今となりましては、すべてあなた方の心の中にその想いの数々が残されているのです。このことの縁で集りました方々のそのつながりを、どうぞ大切になさいますようにと私達は思っております。

このように落ち着かない時には、それなりのなすべきこともありましょう。便りをお出しする方々へも、どうぞすみやかにそのことをなしますように……。
それではおやすみなさい。

あいしています　いえす

ニライ・カナイという言葉について
そして西尾昇さんの話されたこと

私の好きな沖縄の言葉に、「ニライ・カナイ」という言葉があります。東の海の彼方にある神の国、あるいは理想郷、パラダイスといった意味を持っていると聞いています。そして沖縄の島々に住む人にとっての幸せや恵みは、すべてその神の国、ニライ・カナイから送られてくるといった考え方だそうです。ですから白保の海岸では、朝な夕なにその東の海に向って手を合せる人が沢山います。でも島の人が全員そうかといえば、かならずしもそうではなく、なかにはそのニライ・カナイという言葉さえ知らない人が居ることも知りました。

私がさまざまな沖縄の言葉とその持っている意味を教えていただいたのは、白保のサンゴ礁の海を守る運動の中で知りあった、山里節子さんという私と同じ位の年の方です。彼女は言葉に限らず、ほんとうに沢山の歴史や出来ごとを識っている人でした。

その彼女によりますと、その「ニライ・カナイ」に「ユ」、つまり「世」という音をつけますと、その意味はさらに広くひろがっていくのでした。つまり、ニライ・カナイの神々と人々と、そして自然界のありとあらゆるもの達とが共に敬い救けあっていく世の中、恵み豊かな世の中ということなのです。そして、それをさらに「ニライ・カナイ・ユー」とひきのばしますと、〝そのような世を私達に賜れ〟といった希《ねが》い、祈りに変化するということでした。

私がまだ白保のことを盛んにやっていた頃、私達は日本自然保護協会の中でその言葉を使ったナショナル・トラスト運動を興したことがありましたが、それ以前に、これから話します西尾昇さんと他の数人の女性で、「ニライ・カナイの会」というグループを持っていたことがありました。

西尾さんはインドのガンジーの非暴力の思想に深く傾倒した方でしたから、とかく世にさまざまある運動というものが、反対・賛成、敵・味方に分れてのいわゆる対立運動になってしまっていることをとても憂えていました。ですから、いま私達が白保の海のことで運動を始めるならば、そうした対立関係のものではなく、ありとあらゆる人達が同じ基盤の上に立てるようなものでなければいけないのでは、ということになりました。そこでその想いを表現した名称として、「ニライ・カナイの会」といったものが生れたのです。

その西尾さんは数年前の秋に亡くなられましたが、その時、ちょっと気になることを言い残されたのでした。

西尾さんの病気は肝臓ガンでした。ご本人の希望で病院には入らず、自宅でさまざまな民間療法を試みていらっしゃいました。私達もお訪ねした折には、手や足など出来るだけよくさすってさし上げる……、といったことをしていましたが、亡くなられる数日前、一時的に意識不明になり、また意識が戻った時、「自分は美しい川の向うまで行ってきたけれど、どうもあちらの世界は、それぞれに人の違い、いえ魂のランク（？）の違いといったものが実にはっきりとしているようだ。それと同じようにこちらの人間の世界にもそれはあるのだけれど、（人の体に入ってしまうとそれが解りにくくなってしまう）、どうやらみなそれぞれ違う魂の階層からやってきているようだ……」といったようなことを私達の仲間の一人に話されたということでした。話の途中で人が来たのでそこまでになってしまって……、とその友人は残念がっていましたが、結局前の文中にありました〝西尾さんの言い残したこと〟というのはこのことです。

人はいま、ほんとうに多くのさまざまな魂の世界、階層からこの地球にやってきて人として生きていますが、こうして人として生きているいま、こそが、皆等しく、あらゆる階層のどんな魂の人達とも交流することの出来る絶好のチャンスである、ということのようです。また、それぞれその魂の所属する世界に戻ってしまいますと、同じ周波、同じバイブレーションの魂以外の交流は出来なくなってしまうと言われます。西尾さんはそのことを言おうとしていたのでは、と思います。

＊眠いけれど、いまひとつよろしいでしょうか。結局、例のエリザベトという存在はいかなることになってしまっているのでしょうか。

はい、彼女はつまり、あなたそのものですから、今はあなたとして同時に存在しているということなのです。

いまあなたは、エネルギー的には二重の存在であると言えましょう。あなたそのものの力に、はるけき昔にエリザベトであったいまひとつの力とが加わり、非常に強力なものとなっているのです。しかし、あまり複雑に考えることはありません。彼女のエネルギーはいまあなたの中で、あなたと共なる働きをしていると知って下さい。そのことは前に一度、これよりは「合体いたします」と伝えました時からのことなのです。

あなたは今、あなたの体に非常に強力な力が働き、流れていることを知っています。これほどに強い力は、生身の体で受け止めることはなかなか出来るものではありません。そのことはつまり、いまひとつのあなたである彼女のエネルギー体（意識体）が共に存在することにより、その併合された波動によって、さらに強い力をいかようにも受け止めることが出来ているということです。それがいまのあなた自身の姿であり力である、とみて下さると良いのです。

いえす

十月二十六日（水）

＊夕べの話、つまり過去に生きた魂が現在《いま》生きている魂に合体するという話は、なんだかわかったようでわからない、そんな感じがしています。

はい、そのことについてはあまり深く考えることはありません。ひとつの魂がひとつの生を生きますと、そこに新しく、ひとつの記録としての生命体が生じます。意識と言ったら良いでしょうか。それは決して別個のものになるということではありませんが、今までにさまざまなる人として生きたそのひとつひとつの生、つまり人生といいますのは、やはり一個の独立した記録として在るのです。

今回の生で、過去のどの生の影響を強く受けることになるかによって、その役割りや使命《はたらき》といったものが定められてまいります。

いまのあなたは、過去に人として生きたことのあるほとんどの生の集大成としての役割りを担うことになっていますので、いずれ自ら、そのことは知ることになりましょう。過去に生きたそのひとつひとつのものの中に、今あるが為の布石といいますものがなされていたということです。

前にも申しましたように、人がいま、一人の人間として生きているという現実は、その一人の者の個人的カルマの解消、消化だけではなく、もうひとつ、大きく言えば人類全体としてのかかわりの中でなされねばならないこととの二重性を持っているのです。あなたもまた当然そのことは同じですが、いまはもう、あまり個人的なことにこだわりを持っている時ではありません。もっともっと視野を広げ、視点を変えてみて下さると良いのです。

＊いま私は、かかってくる力があまりに強いので、その私に伝えてくる人（？）存在が前と同じであるとはとても思えないのです。

はい、その通りかもしれません。私達は本来はもっともっと強い波動の者であることを伝えておきたいのです。いままではそれらのものを極力抑《おさ》えてあなたにかかわってまいりましたが、もはやその必要もなくなってきつつあると考えています。

さて、良いであろうか。今よりはまたふたたび私がそなたに語り聞かそうと思う。心して書きとむるこそは幸いなり。

この世にて、ありてあるもの、すべからく我らがまことの力使いて生じたるにより、そなたらの住い致せしこの星地球もまた生ぜしなり。

この星地球の創られしは、まことにいかばかりはるけき昔のこととなるや。我らはまことに心して、またまことの愛をこめて、この星こそは創りてある。

この大蒼《おおぞら》には、まことにあまたなる星々創りてあるも、この星のごとき清らけき星こそは稀なるものにてあり。

この星の創られてありし初めのころにありては、いまそなたの乗りまわしてあるこれら鉄なるものにて作られし乗り物などなきものにてあり。また人なるものにありても、いささかもその姿形なきものなり。

そなたらの魂、我らは大蒼《おおぞら》に浮びてありといいたるも、まことはそなたら住い致せしこの星地球の他にも、その魂の住いしたる星あまたあり。

その星々にありては、前《さき》なるものと後なるものとあり。前なるものにありては、いまそなたら住い致せしこの星地球よりは、いささか重き波動持ちてあるものなり。これよりそなたら向いたる星にありては、さらに軽き波動持ちてある星にてあり。これらのこと、まことに幾重にも仕組あることを知れ。

あまたなる分れゆきてある霊魂の数々、すべからく等しきものにてはあらじ。この星地球に初めて降り立ちてあるものより、さらに荒き波動持ちてあるものあまたあり。それらのものにありては、さらに荒き波動持ちてある他の星にて過せしこと、まことのことなり。

その星にはまたその星なりの仕組あり。それらの星々よりまた出《い》できたるもの、我らがこの星地球の上にても人となり、人となりて暮しゆきてあるものなり。

地球の上にて多くのハンデありしごとく、また他の星とのかかわりの上にても、それらのこと、なされしことなり。視野を広げよとはまたそのことにてあり。

この美しき星地球の持ちたるやさしき波動こそは、いましばらくのことにてあり。

＊先程はあまり力が強すぎて、私は少々持てあまし気味でしたから、中断しました。今は落ち着いた気分ですので、また改めて書き留めていきたいと思います。

はい、私達としましては、次々とこの大蒼《おおぞら》の仕組といいますものを伝えていこうとしているのです。もちろん今人々が、何が何でも知らなくてはならないといったことではありません。ただ私達が新しい世界、新しい星といいましても、いったいそれは何であるのか、現実にある星のことなのか、何かの例え話なのかどうか、あなた方には解らないことであると思うからです。

ほんの一部の人達を除きまして、これまでのあなた方は宇宙の存在、宇宙の広大さは認めることは出来ても、地球以外の他の星、他の天体にもまた私達と同じような意識の存在があるということまでは知ることが出来ずにいるのです。せいぜい、空想あるいは架空の存在としての宇宙人を認めているにすぎません。しかもそのほとんどが、いわゆるインベーダー的な宇宙人を想い描いているのではないでしょうか。

しかし最近ではそうではない、つまり、非常に友好的な宇宙人、それどころか、この地球に住む人々に対しての非常に大切な警告、あるいはさまざまなる教えやアドバイスをしてくれる、いわば教師的な宇宙人に出逢う人々も多くなっています。

そのように、この宇宙空間に存在する他の天体、あるいは次元として異る世界にもまた確かに生命体があり、確固たる意識体があるというそのことについて、いま私達はあなた方に知ってほしいと思っています。

もちろんこの地球は、この先もさらに存在し続けていきますが、あなた方人間は、この地球に何時までも存在し続けてはいられない時が来てしまっている、ということです。

いままで多くの予言、あるいは霊的書物の中で新しい世界のことが触れられていますが、それは精神的なところでの新世界であって、天体としての新しい星への移動についてのものはあまりありません。

そうですね、今こうして私達は幾度となく、新しい世界、新しい星のことを伝えていますが、この地球といいます星には、まだまだ未知なる世界が沢山残されています。捨てがたい、素晴らしい星です。まだまだ多くの学びを得られる美しい星です。どうぞ大切にして下さいますように、とお願い致します。

あいしています　　いえす

＊こういうことは私の中で、はたして答えとなって出てくるものなのかどうかわかりませんが、

とりあえずここに書き留めてみます。それは昨日あの西尾さんの家で一緒だった方の質問だったのですが、自殺によって亡くなられたお義兄さんのその時の気持は、どんなにか苦しくつらかったにちがいないと思うけど、そのへんはどうなのかしら、といったようなことなのですが……。

はい、前にも申しましたように私達はあなたを通してあなた自身が全く意識出来ないことを伝えることは出来ないのです。あなたはその方を全く認識することさえ出来ません。つまり知らないということです。そのような時、私達は、その亡くなられた方個人の、個人的な感情を伝えることは出来ません。ただ、一般論としてなら話すことは出来るでしょう。

もはや私達が改めて述べるまでもないことですが、この地上に人が生れてくるのはまったく偶然のことではなく、誰一人の例外なく、その人その人なりの大切な目的や計画があってのことなのです。ですから、その大切な生命を断つことは、やはりその生命体、霊魂にとっては予定外のことであるといわざるを得ません。もちろんまれには、そのこともまた計画のうちである場合もありますが、しかしそのことは、以前誰かが話していましたようなこの宇宙、神に対しての大罪というようなことではありません。罪というものは、やはり誰か他に罰する者があって初めて成り立つものといえましょう。

しかし、一人自ら生命を断つという行為は、その時のその魂にとりましては、非常な孤独を味わっている時であると思います。孤独とは、他とのかかわり、他の者の心のぬくもりをほとんど感じることの出来ない心の状態であるといえましょう。そのことは、実際他からの直接的なかかわり、関心、助力を得られない場合もありますが、まわりの者が本当に心配をし、なんとか力になりたいと心を痛めているにもかかわらず、本人が病的に心を閉ざしてしまっている場合もあります。

神によって創られたこの世、この世界は、まことに人と人とがよく関りあいながら、自然界のありとあらゆるものとの繋がりの上で、さまざまなものをよく識り、学び、互いをよく愛し、敬い、労わりあいながら暮しますようにとの願いでつくられています。でも実際はそのように単純でポジティヴなものではなく、それこそは人々のありとあらゆる感情の渦巻く、いわゆる喜怒哀楽の世界となっているのです。そのような感情の逆巻く世界で、人はどのようにして己れを律しよく生きることが出来るのかわからなくなり、その方向性を見失ってしまうものが多く出てまいります。

そのような人々が、いま私達が伝えていますことがらを架空のこととしてではなく、現実のこととして理解し捉えることが出来るようになれば、自分の人生全体をもう少し客観的に見ることも出来ましょうし、また逆境を楽しむだけの心のゆとりも生れてくるに違いありません。

そうしますと、自ら生命を断つ、などということはなくなっていくのではないでしょうか。今私たちがあなたを通して伝えていますことは、なぜ人は、人としてこの世に生を受けて生きているのかをよく知っていただきたいからです。でもほとんどの方々は、そのことを知らないまま苦しんで生きているように思います。

それでも、自ら何かを求めようとしている人達は良いのです。そこにはすでに〝希望〟という灯がともり始めているのですから。求め始めることは、すでに得られたということと同じなのです。求める、求め続けるという行為自体がすでに結果である、といえるのです。

日々の暮しの中で何も求めず、ただ絶望にうちひしがれている魂がどれだけ多いことでしょうか。どうぞそのような魂にこそ手を差しのべてあげて下さいますように、と私達は申さずにはいられません。

そして自ら生命を断つ人を罪人《つみびと》などとは思わないで下さい。もはやこの世には、一人の罪人も存在いたしません。それらのすべてはこの世的な仕組の中で、人々の思いの中でつくり出されていくことでしかありません。

どのようなことがらの中にも、良きことは隠されているものです。どうぞそのように考えて、人にも物にも接して下さいますように、と私達は心からのお願いを致します。

いえす

＊今夜、お店のお当番でした。例の八王子の方が訪ねて下さいました。そして、ケーシーのリーディングにもとづく「エジプト」に関する本を置いて行って下さいました。今回は私達もあのエジプトに行ったあとのことでもあり、きっと面白く読めると思います。

はい、そのことはまことに良いことです。これらの書物の中には、いままでに私達が伝えましたことと重なる部分ももちろんあるでしょうし、そうでない所もまた沢山あることでしょう。いま私達はあなたを通し、大変難しいことをなそうとしています。そのことが何であるかは、いまあなたが一番良く知り、感じているにちがいないのです。いま私達は、目覚めたままのあなたにこれらの強いエネルギーをかけながら、そのあなたの思考を通してさまざまなることを伝えようとしているのです。

あなたはごく一般的に見て、いわゆる霊能者といわれるタイプの者ではありません。そのところにまた一段とした面白味といいますものがあります。つまりそのようなあなたを通し、はたしてどこまでを伝えることが出来ますかが、私達にとってはひとつの課題であるといえます。

私達はあなたに、もう少し自信を持っていただきたいのです。もちろん、鼻持ちならぬ自信は困りものですが……。

さて、話を前に戻すことに致します。

いま私達は、あの眠れる偉人ケーシーとはいまひとつ異り、また新しい視点でさまざまなことをお伝えしています。それは非常に広い視野に立っての世界観といえます。

彼のようにまことに細やかなことがらには、いまのあなたの力は働いてはまいりませんが、ひとつの問題、あるいは質問の出し方次第で私達はあなたの力の範囲で、出来るだけのことは答えてまいります。

それでは、今宵はこれにて終るといたします。明日の記述を待ちましょう。

あいしていますよ　　いえす

十月二十七日（木）

＊おはようございます。とても素晴らしい朝です。気持のよい陽ざしです。こうして書いているペンの影が、ノートの上に絵のように揺れています。

はい、おはようございます。あなたの私達との交信は、このようにして外で行われることが多いのですから、まわりのいろいろな気配をよく受け止めることになります。まことにこのような静かな朝の気配とは気持のよいものです。指先にもこのあたたかな陽のぬくもりがほどよく伝わってまいりますでしょう。

今日は、この間ずっとあなたの気持の中にあります方々に手紙を出してさしあげますことをすすめたいと思います。ぜひ良いお便りを書いてさしあげて下さい。

いえす

＊ケーシーのリーディングを読む時、何時も思うのですが、例の「神の掟の子ら」と「ベリアルの子ら」という分け方のことです。

はい、それは今では、あなたに伝えています全体的な考え方からしておかしいと思える表現であると思います。つまり神の子と、悪魔に支配されている者達といったような表現であり、分け方であるといえるからです。しかし、当時はまだその表現でなければ通用しない社会的な状況が厳然としてありました。ことに精神世界の上では、そのような落差が否応なしにあったと言わざるを得ません。

そのことは、今までにすでに述べてありますように、この地上的な肉体に対してどのような霊魂が先に下降していったかということと直接結びつくことなのです。

その当時も、そしてごく最近までも、あなた方人々の世界では人の心の世界、また生きる姿をそのように二色《ふたいろ》に分けて考えてまいりました。そのような相対の世界観の中で人は学ぶように、と地の上に置かれたものであるからなのです。

彼ケーシーがこれら一連のリーディングを致しました頃は、まだそのような状況から抜け出してはいませんでしたし、また彼の引き出しましたそのような過去世そのものが、そのような時代のものでありましたから、それは仕方のないことです。

ただ、彼ケーシーの膨大なリーディングを書物にまとめようとする著者の認識のあり方、世界観によっては、そのあたりのことをすべて新しい理解、新しい解釈のもとで表現することも出来るはずです。しかしまだ彼らの中にそのような新しい世界観は定着していませんでしたから、これまで通りの通念のままにまとめあげてしまっているといえましょう。

でも、今大切なことは、ケーシーによって、どのようなことがらがこの世に引き出され、あなた方の前にひとつの記録として残されてきているかということでありましょう。そのことを基いとしまして、私達はさらなることをあなたに伝えることが出来ると思います。よろしいですか？

いえす

それでは、またのちにて質問を受けるといたします。

＊ケーシーのリーディングでは、一〇五〇万年ほど前に、まだ「物」といった人達が居たとか、人々がまだ尾を持っていたというように書かれていますが。

はい、私たちが前にも伝えましたように、人々の肉体はこの地上的な進化活動の中で変化してまいりましたが、その姿はまことにぎこちないものでありました。

そうです、オタマジャクシが成体であるカエルへと変化していく過程で、はじめ水棲生物でありながら手足が生えいで、そのことと並行しながら長かった尾が徐々に短くなっていくといった体型上の変化が生じてまいります。まだオタマジャクシのようでもあり、すでにカエルのようでもある、といった姿をあなた方は何度も見たことがありましょう。

そうです、それとそっくり同じであるとは言いませんが、その当時といいますか、人間の肉体であれ何であれ、ひとつの固定化した姿に定まるまでには時間的に多くを要しました。

いまだ人としての肉体から見ますと不完全ではありましたが、大蒼《おおぞら》に待機していました霊魂は、さっそく下降し着床してまいりました。また片方には、完全に完成された肉体を持ち人々の中にあった、いわゆる霊的指導者達がありました。当時の社会は、それらの人々に支配され、あるいは指導を受けながら国家が形成され、文化的にも文明的にも発展を遂げようとしていたといえるのです。
また、それが何時の時代のことであったかは、言及を差しひかえておきたいと思います。それらは非常にあいまいとならざるを得ないからです。つまりはあなたの思考外の世界の問題であるからなのです。

十月二十八日（金）

＊おはようございます。日一日とあまりにエネルギーが強くなっていくようで、少し不安です。

はい、そのことにつきましては少しも心配はいりません。本来はあなたの力そのものでありますから、うまくコントロール出来るようになりさえすれば良いのです。だんだんに慣れてまいりますでしょう。あなたの体の中に溜めこんで置かないで、次々と流し去るようにすると良いだけのことです。いろんな人々と関ってみることもひとつの方法ではないかと思います。

いえす

十月二十九日（土）

＊今日はこれから、例の若い方々にお逢いします。山川さんのお家で逢った人達です。どのようなことになるのか、すべては〝おまかせいたします〟の気分です。それに今日は、いろんな人達からの便りを受けとりました。ライオンズさんとキャミイがあちらで出逢ったということです。大変面白く、素的なことと思いました。何かほんとうに必要な人達は、次々と出逢い、知り合っていくのですね。あんなに遠い国でもそのことが起きることが不思議です。

さあ、報告はそれ位で良いでしょうか。私達は今日あなたにこれからなそうとしていますことを、あらかじめ伝えておきたいと思っているのです。

先程あなたは、あの二階の部屋で、私達によるひとつのトレーニングを行ったことは解っていますね。すべてはあなたの体が最も楽に、やわらかく自由になりますようにとなされたものでした。

彼女達に逢いましたら、まずは彼女自身の体への働きかけを行って下さい。そのあとにいま一度、先程のように、私達によるあなたの体への働きかけをしてまいりたいと思います。そのことがすみましたら、あとはすべて彼女達にまかせて下さい。そちらにももちろん私達は、いろいろと良きようにと働きかけを致します。

すべてはうまく運ばれてまいりますでしょう。そのことを私達は、あなたの出掛ける前に伝えておきたいと思っていました。すべてはなるようになってまいります。

またあとにて私達は語りましょう。

いえす

＊私は今夜のことは良く解りませんでした。いったい何が何だったのか……、と今でも思っているのです。

はい、それはそうかもしれません。しかし今夜のことは、いずれ近いうちにさまざまな形となって解ってまいりますでしょう。

二人の者がそれぞれに異った持ち味の力を有しているのですが、あなたの持つ力の範囲はそれ以上のものであるといえるのです。つまりそれはエネルギーの許容量の問題であり、個性の良し悪しを言っているのではありません。

今日、あなたは何ごとも感じてはいませんでしたが、あなたの手を通して彼女達に流れ出していきました力により、彼女達はかの秘密の霊室までを辿ることが出来たのです。それは時の問題でありました。それぞれに力を高め、充分に己れを保つことの出来るようになって初めて、あの「部屋」は訪れることを許されます。そのために彼女達は、どうしてもあなたの力を共有する必要がありました。

そうです、もちろんあの部屋は、肉体的な姿のままでは決して訪れることの出来ない場所です。もはや完全な霊体、あるいは意識として動くことが出来るようになって初めて、どのような空間をも通過し得るのです。

あの場所は、あの時彼女も申しておりましたように、あのエジプトのピラミッドの地下深くに存在いたします霊的力のまことに強力な磁場である、といえましょう。その中に在るその水晶体は、宇宙のすべてを映し出す、いわば鏡のようなものであり、力の元であるといえるのです。すべてのエネルギーは、まずはその場に一時結集し、改めて地表にあまねく放出されてまいります。

その地下深く存在いたします例の通路は、いかに人々が探し出そうとしましても出来るものではありません。何故なら、現実にあるものではないからです。

その地下室は、人間的感覚でどのように掘っても現れることのないものであり、世界であるといえます。それこそは秘儀なるものを通して入りこむことの出来る世界なのです。

そこにはすべての記録があり、すべての答えがあるといった通りのことでありました。しかしあなたにとっては、肉眼であっても、霊眼であってもいまさら見る必要のないものであるといえます。すべてはあなた自身の中に描かれているものであり、広くはすべての人々の記憶の底に眠っているものであるからです。

しかし、エネルギー的にはまた一段と高められたと知って下さい。そのことにすぐに気付くことでしょう。

あいしています　　いえす

なんだかわからない不思議な話

この部分は、ほんとうはこの本の中に残すかどうかとずいぶん迷いました。確かに私から出ている力、エネルギーではあるのですが、当の私自身にはさっぱり解らないままに、他の人に対していろんな働きをしていく……。このパターンはこれから先、いろんな人達との関りの中でほんとに沢山、そう、ひんぱんに起きていくわけです。

この日の出来ごとも全くそうだったのです。その日私は、つい最近知り合ったばかりの二人の女性と逢いました。そのうちの一人とはいまでもおつきあいが続いていますが……。

その日私達は、言われるままに三人で手をつなぎますと、私以外の二人はあっというまに互いのエネルギーを感じとり、特に私のエネルギーが加わったことで力が増し、前から行ってみたいと思っていたピラミッドの深い地下室まで行ってきたというのです。

彼女たちはその間の行動、つまり、光のドームのような（それはある部分は円型だったりある部分は三角型だったりするそうですが）通路を通り、四面といいますか、天井も床もすべて、ありとあらゆるものの記憶の壁になっている部屋のその真ん中に置いてある水晶体の中に辿りつく（つまり通路はその水晶体へ通じていたらしいのです）までの様子を、まるで実況中継のように全部言葉にしてくれます。もちろんこの私も一緒に行動しているというのですけれど、私の方にはさっぱりその実感がなく、黙ってただ手をとっているだけのことでした。

もちろんその時は、三人でその大きな水晶体からその記憶の部屋にポンと飛び出して、そこら中なでまわしたりころげまわったりして、また通路を通って自分まで戻ってきた、という体験でした。

ヘェー、なんだかしらないけど、〝視える人には視えるらしい〟、ととても感心してしまいましたが、やはりこういう話は、話としてはとても神秘的で面白いのですけれど、それ以上の実感といったものはないのでした。

このような出来ごとは、いわゆる神秘の世界、不思議な世界を求めてさまざまに行をしたり瞑想したりする人達の中にはずいぶん沢山あることなのかもしれないと思ってはいるのです。しかしそれは、やはり私のものではなく、私の持っている世界観ではないなーと思いました。ただ、そのようなことのお手伝いは出来るらしい、ということを私は知りました。面白いことだと思います。

十月三十日（日）

＊いま山川さん達と別れたばかりです。今日もまたおかしなことが起きてしまいました。あの女性、名前はよく解りませんが、彼女に触れたことにより、彼女のジャンプが始ってしまったのです。ほんとに驚いてしまいました。（注・前の解説「〃手を打ち鳴す〃ことについて」で触れたことのひとつです。）

ですから、そのことは今日あの二人に逢いに行く前に申しました。今日あの場に行くのは、あなたにとって必要なことがあるからなのです、と。

これで今あなたは、自分の持つ力の役割を少しは知ることが出来たのではないでしょうか。ヒーラーといいますのは、ただたんに人の肉体的な病を癒すということだけではありません。その人の精神的な分野、ひいては霊的な世界をも司るところにまで及ぶということなのです。

彼女の中にひとつの潜在的なものとしてありましたものを、ごく自然にひきだしたにすぎません。しかし彼女にとりましても、またあなたにとりましても、それはまことに大きな驚きだったに違いありませんし、もちろんまわりに居た人々にとりましてもそれは同じことです。そのことをどう受け止めていきますかはあなた方それぞれの問題ではありますが……。

そうです、ケーシーの世界は本来まことに自由な世界でありましたが、いまではそれがひとつの枠組となってしまっているむきもあります。それはかつての私の教えの世界と同じ道を辿ろうとしているのです。

いま、時代の進歩や変化の速度は私達のころの比ではありません。彼の時代からは年月的にまだいくらも経ってはいませんが、やはり急速な変化があることを人々は認める必要があります。今ここでかたまってしまってはいけません。ケーシーのリーディングのみの信奉者になってしまってはいけないのです。いまはまたとても大きな変化の時でもあるからなのです。

いま人々は、己れの裡《うち》に実に多くの素晴らしい能力を持ちながら、それを眠らせたままであったり、誤った使い方をしていたりすることが多いのですが、それらをすべて活性化させ、あるいは是正させていくことが出来たら良いのではないかと思います。

これからは、他の人々に対して、そのような関り方が多くなってまいりましょう。あなたを通して働いてまいります力は何ものにも縛られることのないものですから、きっと多くの人々をほっとさせ、その方々の本来の力を活性化させることに役立ってまいりましょう。いわば、まことの生命の甦りを促そうとしています。

いま世の中には、あなた方が認識しています以上の霊的能力を持つ者が多く存在いたします。人々は急速に目覚め始めたのです。現代《いま》が覚醒の時代といわれます所以《ゆえん》はここにあります。そのような時であればこそ、その方向性を見失わないようにしていかなければなりません。なすべきことは沢山あります。少しずつやってまいりましょう。

それでは、のちほどのことと致しましょう。今日は本当にご苦労さまでした。どうもありがとう。

いえすとその仲間たちより

はい、私は仏陀です。お久しぶりです。私もそろそろ私の視点の上で話していこうと思ってはいるのですが、やはりなかなかそのようにはなってはまいりません。やはりあなたの思考がなかなか私の方には向かないからなのです。といいますより、あなたの持っている波動が彼いえすにとても近いために、あなたがその腕にペンを持てば、その瞬間から彼のそれになってしまうといったことによります。

それはそれで良いのであって、そこからさまざまなことは伝えられていくのですから、他には何も必要ではないといえます。私はまたあなた方が私の領域でありますインドへの旅を思い立つ日が来ることを願っております。

さて、私にまことにゆかり深き者に、あなたもまたよく知りますところのマハトマ・ガンジーがあります。彼が人々によく紐解き提唱してまいりましたことがらは、つまり世にいいますところの非暴力の抵抗というものでありました。あなたはそのことを実に良く理解し、うまく使いこなし、さまざまなる生活の面、あるいはさまざまな運動をくり広げていきます上でよく活かしてまいりました。

彼の中に私の精神はよく活かされています。その精神はまたあなたの中にも良く示されているると思います。そして人々は戦うことの無意味さをよく知りつつある、と私は思っているのです。

今、私の領域でありますあのインドの地には、まことに悲惨な貧しい人々の生活《くらし》があります。その地で働いておりますキリスト者、マザー・テレサのことをあなたはよく知っています。しかし、かの地になぜあのようにして極度に貧しく悲惨な人々の暮しと生き方があるのかといいますと、やはりそれにはそれなりのことはあるのです。あの地はまさに、人にとりましても他のあらゆる者にとりましても、非常に密度の濃い学びの場であるということです。人はあのような現実の中で何を視、何を感じ、何を学びとっていくかであるといえましょう。

世にいう私の出家のきっかけとなりましたものは、何であったと伝えられていますでしょうか。そうです、私の心を揺さぶりましたものは、人々の富める姿の中にではなく、病む者、苦しむ者、貧しさにあえぐ者の姿、死を迎えゆく人々の生命のはかなさの中にありました。

神はこの世に起きるありとあらゆることがらの中に、私達が良く学びますようにとそのさまざまなる側面を持たせてくださっています。そのことを通して私はまことのものを求める者となっていきました。

彼イエスはこの世に生れる以前から、神のひとり子、人々の救い主として待ち望まれた者でありました。しかし私は、ただひとつの小さな国の王の息子としてこの世に生を受け、それなりに多くの者にかしずかれながら成人《ひと》となってまいりました。彼と私の生れ育った環境は、このように相反する状況にありましたが、たどりつくべき神なるもの、真理は同じことでありました。生れたる姿、死したる姿共に、まるで両極端のものを、神はひとつのサンプルとしてあなた方人々の前に差し出されたのです。どちらがいいとか悪いとか、高いとか低いとかの問題ではもちろんあろうはずがありません。彼の姿の中には私の姿があり、私の中にもまた彼は生きているのです。

いまはまたそれぞれに、さまざまな形であなた方人々に働きかけていますことを良く知っていただきたいと思います。

これからはますます多くの霊的力を持つ人々が現れてまいります。私からメッセージを受けているといいます者もおりましょうが、もちろん私達はこのようにして、出来るだけ多くの人達に私達の真意を知っていただきたく働きかけをしております。しかし人々は、やはりその者の持てる能力《ちから》の範囲でしか私達の心をキャッチし得ない、ということを知って下さい。

これからは、そのような方々の持てる力をぜひとも力づけ、目覚めさせ、引きあげていくことをしてまいりたいと思います。それにはあなたのようなごく普通の立場の人が、人として関りあいますことが一番良いことであると私達は考えています。

今日はまたこのようにしてお話をする機会を得まして、ほんとうにようございました。必要な時には何時でもまた私の力をお使い下さい。喜んで提供いたしましょう。

仏陀

はい、それでは今度は私に代りましょう。私が誰であるか、この力のかかり具合であなたはすでに察知しています。

そうです、私はまりあ。私の波動はこのごろはずいぶんこまやかになっているでしょう。

そうです、私がこの力であなたに働きかける時は、いまから何が起きるか、あなたは良く承知しています。私の波動はかのお方への橋わたしの役目をいたします。

ほらもう良いですか、だんだんとエネルギーのかかり具合が変ってきたことを感じはじめているのです。私とあなたの力とが合わされますと、いかなる力に変化していきますか、これは良いサンプルといえましょう。

さあ、用意は整ったであろうか。今宵もしばし、また直接そなたの腕使いて語りかけるであろう。

そなたのうちより流れいでしこの力こそは、尽きたることなき泉の水なり。かの解き放ちてあるピラミッドの新しき泉の力なると知れ。

今宵もまたその新しき泉の力、そなたの指より噴きいだしてあり。

そなたよ、いささかもおそれることはない。我はまたそなたのうちにてさまざまに働きてあり。これらの力まことに直なる心にて受けたるものにありては、いまよりは新しき心にて人々の前に立ちてあるなり。

そなたよ、そなたに与えしこの新しき力こそは、まことに借しみなく使いこなしたることこそは務めなると知れ。

これより我がなしたきことは、そなた一人にてはなしたることあたわざるものにてあり。まことにあまたなる人々そのままにありて、我が力受くること可能とならしむることこそは我が希《ねが》いなると知れ。そは、そなたらの心のうちに眠りてある我が根源なる火種子《ひだね》こそは掻きおこし吹きおこしたることをなしたるなり。そのことにより、人々まことにそなたにより解き放ちたるかの新しき力こそは受け止むるなり。

その掻きおこし吹きおこしたる術、さまざまになしたるなり。そのことのため、あまたなる能力《ちから》持ちてある者、その力いや増さん。

そなた、そのことの役割りこそはなしたまえ。そなたの前にさまざまなる者さまざまに送りたるなり。よきかな。

我が眠りたるごとく記したるこの力、この言の葉、我が稲妻のごとく記したるこの力、この言の葉、すべからくまことのものなるを、そなた心して受け止むるようにと我は強く申し述ぶるなり。我こそはそなたの親なるものを、よくよく知りたることこそは幸いなり。

そなたには、またよき友あまたあり。そなたと共なる働きなしたる者またあまたあり。すべからく我が送りたる者にてあり。心を合せたまえ。力を合せたまえ。

我にてあり

さあ、今日はこれで終ると致しましょうか。いろいろと忙しい一日でありましたこと、私達もよく承知しております。しかし、とても大切な一日でありました。これからは、本当にこのような一日一日が大切になってまいりましょう。

あまり躊躇することなく、人々の前にこれらのことを話していくのが良いのです。何も悪いことではありません。多くの人々がまことに待ち望んでいることがらばかりといえましょう。

あなたのまわりの、これらのことに関心を持っている人々の誰彼を思い浮べてごらんなさい。みなさんとても良い人達ばかりです。

いま彼の君が申されましたように、そしてまた私達がこの間ずっと話してきましたように、これから先あなたの前に現れます方々は、初めての方であれ旧知の者であれ、すべて共なる人々であることを知っていただきたいと思います。もちろんまだまだ自分自身のカルマ的要素を解消し得ていない者も多くありますが、それでもこれらのことの理解が出来さえすれば、自ずと解決なされてまいりましょう。そのことのきっかけをつくるお手伝いが出来ますようにと私達は考えているのです。

あなた方は、いまがどのような時であると考えていますか？　大きな時代の変りめであり、新しい時への飛躍の時であることはいまさらいうまでもありません。私達は、一人残らずその移行の時を迎えたいのです。みなで共にまいりましょう。

あいしています　いえす

十月三十一日（月）

＊今日はとても良く晴れわたりました。

はい、おはようございます。今日もまた良い一日が始められました。今朝あなたが紺野さんの体に触れてさしあげましたことは、とても良いことでした。彼女も大変に良い資質を持ちながら、なかなかその力を大きく出しきることが出来ずにいますが、それもいましばらくのことでしょう。かならずや近いうちに、彼女らしい形で力を表してまいります。

いまこのようにして、あなたのすぐ近くに在りますことは、彼女にとってはまたとない出逢いであると思います。人が素直にあるがままに生きるとはどのようなことであるかを、いながらにして共有し得るからです。

＊このような話になりますと、いかにも私が他の人達への影響力を持っている何かである、といっているような気がします。いわばひとつのワナであるような気がしてなりません。

はい、そのようなこともちろんありますので、やはり人々が一番良く気をつけなければならないところでありましょう。

ですから、まことはこれらのことは、むしろあなただけが知っていれば良いことであり、他に知らせる必要のないことといえます。ただこのノートの場合、あなたはすでに、なかば公開しているも同然ですから、そのこと、つまりこのノートを読む他の人達との関係、人間性にかかってくると思われます。

あなたがたとえ過去世に於て誰でありましょうとも、そのことはすべて今のあなたの中で集約されているのですから、現在《いま》のあなたをどう見るか、どう認めることが出来るかが問題といえます。今のあなたの姿を充分に認めることの出来る方であれば、あまり問題はないと私達は考えます。

ただ、いたずらにすべてを公開することは考えものです。しかし人々は、まことに強くこのようなことがらを求めているのではないでしょうか。どのような形であれ、このようにして私達に触れていいたいと思っているのです。そのあたりのことも考えてまいりましょう。

いえす

はい、それでは今度は私が少し話しても良いでしょうか。私は、もはやあなたの心が感じとっていますところのふらんしすです。ずいぶん久しぶりのことでありました。まことはあなた方の時の計り方でいえば、昨夜のうちに語りかける予定でしたが、夫君の帰宅により中断してしまいました。

いま私達はこのようにしてあなたに語りかけてはいるのですが、もはやある意味ではこれ以上何も必要のないほどに、いろいろと申し述べてまいりました。もちろん、語れば語るだけ、沢山のことに触れていくことは出来るでしょうが、どこまでいってもこれで良しということにはなりません。とりあえずは、今までに伝えましたことを良く咀嚼し、よく知りますようにと申しあげたいと思います。

このようにして私達が、このノートの上で語りかけますことを日一日と待ち望んでいる他の方々にも、そのことはいえます。このあたりで一旦整理する必要はあるかもしれませんね。このノートの中には、過去のこと、未来のこと、そして今あるあなた方の世界のことなど、さまざまに、ぎっしりと詰めこまれているのです。それらのことを通して全体を見ていきますと、何のために今このようなことがされているのかがよく解りますでしょう。

いま私達は、このように文字にしなくても、ふと心を静め、その中で問いかけてくることをしますならば、その行為の中で答えていくことも出来るのです。このところあなたも何回か試みていることですから、どのようなことであるか解りますでしょう。

そのような形でやっていっても良いのですが、やはりいまのあなたの作業は、このようにして文字化することで、ひとつの記録として残すということにあります。

このように文字になりますと、何回でも読み返すことが出来るのです。この前の二人の女性が行いました実況中継のような形ですと、その時その場に居る者だけの関りとなってしまいます。やはりいま私達があなたを通して伝えていますことは、しっかりと記録され、必要に応じて何時でも何回でも読み返すことの出来るようにすることを考えています。

やはりこれらのことは、あなた個人との関りだけではなく、人々全体としての関りとして世に現わされていくことを考えています。ですから、やはりいましばらくは、このままの形で伝えてまいります。また、いつでも文字による質問に変えて下さっても良いのです。

まあ、今日の話はこんなところですね。

あいしていますよ　いつでも　ふらんしす

紺野さんのこと

紺野さんは、私の家のすぐ近くに住む若いお母さんです。私の本の中では時々登場してくる、私の大切なアシスタントともいえる人です。なぜなら、週毎にある野菜分けの世話から、ほとんど毎朝の学校給食に関する手伝い、そして私がしょっちゅうあちこち出掛けてしまう大旅行、小旅行の留守の間の給食やたべもの村への配達その他、影に日向にと大変お世話になっています。

この紺野さんと知り合いましたのは、もう八、九年も前、いえ十年ほどになるかもしれません。まだ私達が、同じ町内にある前の借家に住んでいた頃、〝かかしの会〟のメンバーとして加わってきた、同じ畑で獲れる野菜を食べ続けているお仲間さんです。

私達一家は約六年程前に、現在《いま》住んでいる家に移ってきましたが、紺野さんの家はそのすぐ近くにあり、何か用があってもなくても、ちょこちょこ顔を見せてくれるようになりました。

でもある時、「少しお話してもいいですか?」、と何かとても思いつめた様子でやってきたのです。オヤ、何だろう？　と思って、「どうぞ……」と言いますと、「私って、生きててもいいんでしょうか？　生きてる資格があるのかな？って思うんです……」、と全くだならぬことを言い出しました。

　だって、人が人として生れてきて、〝生きてていいのか〟とか〝生きてる資格があるのかしら？〟なんて思うなんて、そんなこと本気で考えたり口にしたりする人に私は初めて逢ったのです。当然人は、人として生きる為に生れてきたのですし、人として生きることに資格も何もないはずです。いえ彼女が気に入るように言うとしましたら、生きる資格があるからこそ生れてきたのではないでしょうか。私はほんとに絶対そうだと思っています。

　私がそのように言いますと、「ほんとにそうでしょうか？　ほんとにそうならいいのですけれど……。自分があまりに情けないというか、自分に全然自信が持てなくて、人と逢ったりつきあったりが怖いんです」、そう言いながら目に涙さえ溜めていました。

「ばかねえ、堂々と生きればいいのよ。せっかく生れてきたんだから！」、私は本気でそういいました。そう思えないなんて、なんてことだろうと思いましたが、やはりそういう人はほんとにいるのですね……。

「ありがとうございます。ほんとに生きてていいんですね。ほっとしました……」

　そんなこと思うなんて、いったい何があったのでしょうか。来た時よりはなんだかとても明るい顔になって、彼女は帰っていきました。

それからは、なおさらせっせと私のところにやってきては、ほんとに影になり日向になりの手伝いをしてくれるようになりました。性格もとても明るくなり、言葉もとてもはっきりしていて、時たまはっきりいいすぎることがあってドキッとすることもありますが、腹に一物《いちもつ》置かず何でもいいあう私達〝かかしの会〟の気風をとてもよく表したお母さんに変身していきました。そして私にとってほんとに無くてはならない人になってしまったのです。

ところが、です。この春三月、ドカンと大きな異変が起きてしまいました。なんと彼女は、我境南小学校のPTAの会長さんになってしまったのです。決るまで、本人も全然その気がなく考えてもいなかったとのことでした。ある日突然そういうことになってしまったのです。このような役職、慣れた人にはなんでもないことかもしれませんが、考えてもみて下さい。何年か前、「私、生きてていいんでしょうか……」、と下向いてメソッとしていた人が、児童数七百人からの学校のPTAの会長さんになってしまったのです。

痩せてて細くてなんとも頼りなげに見えますけれど、根はしっかりしています。何しろ私がさんざんいじわるばあさんしながら彼女をしごきました。何回も泣かせてしまったこともあります。それに、朝ごとの給食の食材搬入作業で肉体的な腕力も上々です。二十五キロ、三十キロ入りの粉や砂糖袋を私に負けずに持ち歩きます。いえ、この頃の私は年寄り扱いされています。

「ああ、なんて素晴らしい、ほんとによかった。頑張って！」、と私は両手を広げて彼女を励まし抱きついてしまいました。

彼女が会長さんになってからは、朝から何かと忙しく、給食作業を手伝ってもらえないことも多くなりました。土曜ごとの野菜分けの世話もなかなかです。会長さんとして対外的にあちこち出掛けなくてはならず、何かと留守がちです。私は片手をもぎとられたようなことになってしまいました。でも、もちろん私だけではなく、かかしの会の楽しい仲間達は、彼女の仕事がなんとかうまくいきますようにと、みんなであれこれカバーしていくことになりました。

それからいまはもう三カ月余が経ちました。彼女も少しずつ会長さんに慣れたことでしょうが、それなりの気疲れは体の上に徐々に溜ってきているようです。時々貧血状態が起きてしまいます。「大丈夫？」、と聞くと「ええ、大丈夫です！」、とメガネの顔が笑います。こうして一年が経過する頃には、きっともっともっと大きくなっていることと思います。

いまこうして本にする為にこのノートを整理していましたら、〝視えない世界のあの人達〟が紺野さんのことにふれて、〝いまにきっと彼女らしい力を発揮することでしょう……〃、なんて書いてあったものですから、〃あら、ほんとにそうだわ……〃、と思って少し書いてみたのです。人ってほんとに変りますし、いろんな可能性を持って生きているんだなあ……、とつくづく私は思いました。

十一月一日（火）

＊おはようございます。いま私は久しぶりに、八冊目のノートの例の記述の近辺を読み返してみました。ずいぶんと大変なことばかり書いてありますが、それでも何も不自然なことはなく、とても心地良く、よく受け止めることが出来ました。もう他のことは何もしないで、これらの言葉の世界にどっぷりと浸かっていられたらいいのに、とさえ思います。

はい、おはよう。私はるしえる。そなたのそのように晴れ晴れとした思いにふれるのは、まことに気持の良いことである。

今よりは、いかなる時でもそのようにして我らの言の葉の中に浸りたまえ。成すべきことは

いかようにもなせるであろう。他の諸々なる雑事にありては、その体のなすにまかするが良い。心はいつでも我が胸のうちにあれ。我より離れたることをなしたまうな。我らと共なる気の中《うち》にあるならば、そなたの心もまた同じくこの晴れ晴れとした良き秋空のごとくに爽やかになろうものを。

これよりはまた、成すべきことさまざまあるにより、今はこのあたたかき陽ざしの中にて心ゆくまでくつろぎたまえ。憩いたまえ。

我にてあり

(注・このころから私のノートの中では、〃るしえる〃なのか〃我〃なのか、書いているうちにわからなくなってしまうことがよくありました。結局るしえると我の力関係は表裏の関係なのですが、このことについてはあとで説明があります。)

十一月二日(水)

*何がどうなっているのかよく解りませんけれど、とにかく、いろいろと面白く楽しいことが

沢山起きてくる気が致します。

はい、それは大変好ましいことです。人生をどのようにでも楽しむことの出来る人は、それだけですでに神の国にいるということが出来るのです。何も難しい理屈は要りません。

この世に起きるどのような出来ごとも、まことはあなた方人々を充分に楽しませ喜ばせることの出来る側面をしっかりと孕《はら》んでいると言えるのです。大切なことは、そのことに気付くかどうかということにほかなりません。ものごとを、どうぞ一面的にだけ視ないで下さい。

あなた方の心に何時でも詩《うた》があり、歓びがあり、笑顔の絶えることのない日々がありますならば、その波動はこの宇宙のすべての空間をあまねく満してまいります。

もし人々を楽しく幸せにしてさしあげたいと思うのでしたら、あなた方自身がそうなるのが早道です。そのような心の波動が人々の心を変えていくことになりましょう。

このことに気付きました人は、ぜひともそうなさって下さい、とお願い致します。私達も共に楽しんでまいります。

あいしています　　いえす

＊今日はこれからお店のお当番で出掛けます。そのあと、いつかの人達に逢うことにしていま

す。面白いですね。

はい、事態はどのように進展していくかわかりません。

このところ、まことに急速にあの二人との関りがすすめられていますが、それはまた当然のことながら、必然的に起きていることであるといえましょう。いま私達はあなたに、次の段階としての宇宙のあり方、他の星々のことを少しずつ伝えようとしているのですが、あの人達はそれらのことを、より具体的に鮮明に話していくことも出来るのです。

他の星々にもやはり確かに生命が存在していますが、あなた方のいまの常識の範囲ではなかなかそれらを認めることは出来ません。科学者の手によって、なんとか他の惑星上に、生き物、そうです、たとえアミーバであろうと草々の一本でありましょうとも、その存在の確認をと願ってはいますが、なかなかそのような確証は得られません。

あなた方の世界からは、あの月に向けて幾度となくロケットが発射され、そのうち何基かは、実際にあの月といいます星の地表に着陸さえいたしました。そしてその大地の上を実際に歩いた者さえいます。しかし人々は、そこの大地にそうした生物や植物の姿を認めることは出来ませんでした。

そのことは、他の天体についても、多分同じことがいえるでしょう。でも、そのことは仕方のないことです。何故なら、かの星々と私達の生きるこの地球の持っている波動とは全く異っているのですから、そこに人々は何の気配も感じることは出来ません。

もし、それら他の星々の波動に完全に自分の波動をあわせることが出来れば、その時初めて、その星の上でのさまざまなる様子を視ることも識ることも出来ますでしょう。

ここにもまた、やはり波動の法則は働いている、といえるのです。非常に幅の広い、自在な波動を持つ者がいますならば、とても面白く、もの珍しい話を沢山聴くことが出来るでしょう。はじめはとてもおかしく、奇異に映るかもしれませんが、実際はそうではないのです。これからは、そのようにして少しずつ他の星とのかかわりを知っていくと良いのです。

また他にも、UFOという形で他の天体とのつながりを持つ者もいます。こちらの現象もやはり、その同じUFOを視ることの出来る者と出来ない者との違いが生じます。それらもやはり、先程の説明で解っていただけると思いますが、その人の持っております波動の関係であるといえるのです。視るべき人には見えるのです。物ごととは、まことにそのようなものであるといえるのです。

＊大変遅くなりましたが、いま彼女の所に行ってまいりました。

はい、話がはずんでようございました。そのようにしてあなた方は、お互いが何であるかを少しずつ知っていくのです。前にもいいましたが、良く相手を識りますように、と今も改めて申しておきましょう。

今あなた方は、それぞれ自分でも驚くほどの力の変化を感じているはずです。時の流れが速くなったといっても良いのです。それはあなた方人間の使います時間ではありません。私達は今、非常に急いでものごとをなそうとしています。それにはやはり、あなた方の自覚を促さなければならないからです。

人々はまことにのんびりしています。そうです、それもまたひとつの側面ですから良いのですが、私達は、あなた方には少し急いでほしいと思っています。いま人々は急速に目覚め始めてはいますが、そのことの意味するものが何であるかをしっかりと捉えてはいません。それらのことを捉えそこないますと、向うべき方向を見失ってしまいます。

いましばらくは、割とひんぱんに逢っていくことになりましょう。何故なら、動き始めた新しいエネルギーの調整といいますものが必要だからです。そう致しますと、それぞれの持っている感覚以上のものが生れてまいります。二人のところで軌道調整がきちんとなされましたら、またさらなる者へと広げてまいります。

よろしいですか、今あなた方のエネルギーは、あのスピードを増し始めましたコマのような動き、回転を始めたと知って下さい。バランスをよく保ち、己れを決して見失わないように気をつけなければなりません。

私達は何時でもあなた方のかたわらにあります。必要な時にはいつでもその心に問いかけて下さるのが良いのです。

それでは、これで今日は終りといたします。おやすみなさい。

いえす

十一月三日（木）

＊おはようございます。私はこれから京都に向おうとしています。そこでなつかしい人達に逢う予定です。また、昨夜彼女が言っていました、例の壁画の部屋より通じるその先の部屋のことが気になります。また、私は夕べどこかに行ったのでしょうか。

はい、おはよう。私はるしえる。今朝はまた私がそなたに応えていくであろう。

そなたの体にありては、いまや日々変化をきたしたるにより、そなたの予想以上のことがら、次々起りたることまことのこととなり。昨夜はそなたもかすかに気付きたるがごとく、我らとまた共にてあり。そなたら今より向いたる新しき世のこと、星々のこと知るため旅したるものにてあり。いまそなたの目覚めたる記憶のうちにてはなきものなるも、いまは良い。いづくの時にか、すべからきことがら明らかとなりたるものにてあり。

また、彼の者の辿りたるいまひとつの秘密の通路といいたるは、いまはまだ人なるもの通らぬものにてあるも、これよりはしばしばそなたら往来いたせしものとはなりぬ。そなたら人なるものの心のうちにて、すべからくこの世、この大蒼《おおぞら》にありてあるさまざまなる秘密の小部屋、秘密の通路といいたるもの察知いたせしなり。そのこと、これよりはさまざまになしゆきてあり。そはいまだ人の前には明かすことあたわざる秘密の小部屋なるも、いまよりは彼の者たちの心と力ことごとく軽々と解き放ちてあれば、そのことは可能とはなりゆきぬ。それらの小部屋ことごとく解き放たれなば、そなたら今より向いたる星々のこともまたさまざまに知られしものにてあり。良きかな。

るしえる

はい、それではよろしいでしょうか。今度は私が少し話してまいりましょう。

昨夜遅く、あなたが休みましてから、私達がいろいろと働きかけていましたことに、あなたは初めて気がつきました。本当は何時もそうなのですが、昨夜初めて気付いたのです。それはあなたの感覚が非常に鋭くなってきていることによるものです。もちろん私達はあなたを誘い出して、他の天体に行ってまいりました。しかしあなたの感覚は、そこまではついてこれなかったのです。しかしあなたの魂の本質は、何時でもそのように、私達と共なる行動をしているということです。

今私達は、これから起きること、また、これから行っていかなければならないことなどに対するさまざまな準備をしています。ですからこれからは、今までは私達による言葉の世界でありました他の星々の様子、あるいは情報といいますものが、これからは他の方々を通し、より具体的に、しかも立体的に語られていくようになりますでしょう。それはまだはっきりとあなた方人々の向うべき新しい星のことであるとはいえませんが、たんなる言葉の上での情報だけではないものを、あなた方は知ることが出来るのです。

いえす

十一月四日（金）

＊おはようございます。昨日はいろいろのことがありました。そして夜は、京都の友人宅に泊めていただきました。屋久島からいらした方と一緒でした。

はい、おはようございます。どうですか、良い旅でしたか？　いえ、今悪い旅といいますか、無意味な旅があろうはずがありません。すべてはとても大切な旅ばかりでありましょう。

もちろん、あの古き家屋におきましての集いも悪くありませんでした。若き人々の熱気は凄まじいものがあり、今人々が求めようとしているものが何でありますか、あなたはよく知ることが出来たのではなかったでしょうか。（注・京都大学内に於ての詩の朗読会。アメリカの詩人アレン・ギンズバーグさんや日本のナナオ・サカキさんなど、そして沢山のボーカル・ミュージシャン。）

いま時代は、ほんとうに大きく変ろうとしています。それはあのような詩の中に、そして若者達の心と魂をゆさぶるテンポの早い曲の中に、とてもよく表れていると思います。そして人人はあのようにして集うことによって、お互いをよく確認しあっているともいえましょう。

良い旅が出来てよかったですね。

あいしています　　いえす

＊いまケーシーの例の本を読んでいますが、なかなかはかどりません。今読んでいるところは多分面白くないからなのかな……と思っています。彼ケーシーがその昔、神官ラ・タとして生

きた頃の人々の一人一人の状況が次々と並べたてられていて、私はあんまりそんなことには興味がないからなのです。

ただ、このような様子からみますと、とにかくその頃、ありとあらゆる形といいますか、役割りで生きた人達のほとんどが、いまもまた共に在るということが良くわかります。ですから、今私達のまわりにこうして生きている人達のほとんどすべてが、やはりそのようにして過去にもまた共に生きた人達であると考えるのは楽しいことです。

ですから、私にも、そのような一人一人の過去世を引き出す力があったら面白いと思います。別に無いものねだりをするわけではありませんが、いまいろんな人達が、ぜひ自分の過去世を知りたいと思っているのではないでしょうか。


はい、そのようにして彼ケーシーにリーディングをとってもらうことになった多くの人達は、当然のことながら、過去世でもまた彼と非常に近い関係があったか、そうでないまでも、ほとんど同じ時代に生きていたものであるといえるのです。

また、その人々にとりまして、そのようにして自分の過去世を知るといいますことは、今生での生き方によく役立ちますようにとなされたものでありますが、やはりもうひとつの目的は、今はすでに見失われてしまっているひとつの時代の傾向といいますか、社会の在り方を知ることに重点が置かれていたともいえるのです。今あなたがほとんど退屈しながら読んでいる実に多くの人々のその時の人柄、職業、何をしていたか等があのように列記されますと、そのひとつひとつの中では解らないその時代の全体像が、自然に浮び上ってくるとは思わないでしょうか。

その当時は、まさにひとつの巨大な文明社会が、それを長く育み続けてきた大地もろともに大いなる海原に消え去ろうとしていた、そのような時でありました。このようにして、過去にありましたひとつの歴史を言葉で語ってしまうのはまことに簡単なことですが、そのことを現実のものとして生きた多くの魂にとっては、とても大変な出来ごとでありました。

もちろんそれらの大陸は、瞬時の間に水底に消え失せたわけではありません。それなりの時間的な経過というものはありましたから、人々はそれらのこと（つまり自分たちの住んでいる大地が水底に沈んでしまうということ）を日常的な感覚の中で、あまり重大なこととは考えていなかったといえます。

それは今の時代にも全く同じように言うことが出来ましょう。

そうです、あなた方のこの国では、すでにそのことは始められているのです。もちろんそれは非常に地域的なものですから、誰もあまり深刻には捉えてはいないようです。しかしごくわずかとはいえ、日毎に進んでいる地盤沈下といった状況に日夜悩まされている人々がいないわけではありません。でもそれらの人々でさえも、最悪の場合は、まだまだ移動し得る時間的な余裕も、地域的な移動先もありますから、本当の意味の恐しさにはつながっていないようです。

ですから、その当時も同じような状況であったということです。しかし、いよいよ住みづらくなりますと、一人また一人とその場所を去り、ある時は一挙に移動するといったこともなされました。つまりそうした集団が、例のアトランティスからエジプト、あるいは他のさまざまなる地域への民族的な移動であった、ということです。

このようにして、一人一人の歴史、過去世の中に垣間見ることの出来ますものの中から、現在《いま》につながる何かを私達は知ることが出来るのです。ですから、今読み物として面白くなくとも、このような数多くのリーディングを通して学ぶものは何であるかを知って下さると良いと思います。

さて、あなたは、つまり前からの繰り返しですが、人々の個々なる過去世を知ることにこだわっているのですね。

シャーリーのような本、あるいはケーシーのようなものが、このようにして世に現わされ、人々に広く読まれますと、そのようなことに関心を持つ者も増えてくるのは当然のことです。

そのような人々の要望や願いには出来るだけ応えてさしあげるのが親切というものかもしれませんが、あなたがそれに当るということではありません。

しかし、そのようなことに本当に関心を持ち、求めてやまない者は、どこまでもそのような能力者を求めていくことになるでしょう。でも、そのような能力《ちから》をしっかりと持つ者はなかなか居るものではありません。たまに居たとしましても、それは非常にかぎられた者への対応で終ってしまいます。なぜなら、人間的肉体を持った者の限界、限度といったものがあるからです。

ほんとうは一人一人の方が、その人の持てる能力の中で、自分自身の過去も未来も知っていくのがいちばん良いのですが、それもまたままならぬことでありましょう。それでなくとも、人々はやっと今、自分の魂というものが、実はこの世かぎりのものではないらしいと気付きはじめたばかりではないでしょうか。ですから、その自分自身の魂、霊魂が、どのような時代にどのように生きていた者であるかといったことまでは、その思考の範囲を広げることが出来ずにいます。でも知りたい、教えてほしいと思っているのですね。

いまあなたの知る人達の中にも、そのような力を持つ人は何人かいるでしょう。しかし、やはりその力の範囲はまだまだ小さく少いのです。彼ケーシーのその力にはなかなか及ぶものではありません。

人の歴史はまことに古く長く多くあります。その中で、どの時代に一番心が惹れるのか、あるいは地域的にもどこの地方になつかしさや憧れを覚えるのかなどを見ていきますと、少しずつ自分というものが解ってまいります。

これから先、いろんな方々が、そのご自分の過去世を識りたい探りたいと思い、あなたにもまたさまざまな問いかけがあることと思います。いえ現実にそのような人たちが沢山いまのあなたの周囲にいますことを私達は良く知っています。しかし今のあなたの傾向は、そのようにして自分以外の人たちの過去世までを言いあらわすことは出来ません。しかし、その人のさまざまな側面、在り方をみていきますと、その中からはっとするひらめきといった形で知ることが出来る場合もありましょう。

いずれにしましても、このことはこれから先、とても大きなテーマとなっていくことでしょうが、あなたにはあなたなりのことがあることを伝えておきたいと思います。

あいしています　　いえす

十一月五日（土）

＊あわただしく日がすぎていきます。毎日がこんなにも充されていながら、それでもなお何かを期待している、そんな自分をみています。今朝はまた一段と強いエネルギーで、一時はほんとうにどうなってしまうかと思いました。居ながらにして魂がどこかにいってしまいそうな、

そんな感じがしたのです。

大丈夫です。何も心配するようなことは起きません。まかせておいて下さればそれで良いのです。それよりも、このひととき、一瞬一瞬の時の流れを大切に感じていて下さい。

あなた方の目には視えなくても、その一瞬一瞬の積み重ねの中で、さまざまなる生きる者たちは絶えず変化を重ね、生長し続けてまいります。昨日はまだとても堅いつぼみだったものが、今日はその花の色を緑の中にほのめかす様子《さま》など、まさにそのような営みの中から生れてくるものではないでしょうか。彼らは皆、誰も秒針を見ながら時を計ってはいませんのに、その育ちゆく姿の中に、確かな時の経過を見せてくれています。なんという優しく素直なその姿でありましょうか。

あなた方人々は、それらの姿の中にこそ、学ぶべきものが沢山あると知って下さいますように。みな誰もが等しく自分に与えられました個性と特質のままに、何のてらいもなく、精いっぱいの力を出しきろうとしています。いかにもその花らしく、いかにもその生き物らしく。

ですから、あなた方も何も臆することはありません。すべての人は、いかにもその人らしく生きて下さるのが一番よろしいのです。

そしてあなたはあなたらしく、その持てる力を最大限に活かすことを考えていただかねばなりません。自分の持てる力を決して過小評価してはいけません。

誰もがまことに一番その人らしい生き方をして初めて、自分の人生に満足が得られていくのではないでしょうか。そのことがまさに、生きる秘訣であるといえましょう。

人はそのようにしながら、自分に与えられた持ち時間を充分にこなしていくのが良いのです。人はそのようにしながら年老いてまいりますと、何も後に思い残すことなく、その肉体を離れていくことが出来ますでしょう。それこそが、まことに最高の人生であるといえるのではないでしょうか。次の生に持ち越さなければならないような、いわゆるカルマといわれるややこしいものも、何時のまにかその手から消え去り、抜け落ちてしまっていることでしょう。荷物のない、まるで風のような旅人であるとは、まさしくそのような姿の者を申します。

さあ、あなたはそのためにも今少し心を開いて、自分自身を認めてみて下さるとよいのです。なすべきことは次々とあります。

これより先はさまざまに、自分の持てる力に気付いていく方々が次々と増えてまいります。しかし、一体それが何であるのか、どのような方向性を持つのが良いのか、なかなかつかみ切れないままに、自分の力をただいたずらに持てあます方もいらっしゃることでしょう。またなかには、そのように分らないままに現れてしまった力にただ歓喜し、まるで自分が何者かになってしまったかのように錯覚する人も出てまいりましょう。それら多くの能力《ちから》ある方達に対し、ひとつの方向性を指し示していくことも出来るのではないでしょうか。

いま人々は、あなた方の予想する以上の速さ、テンポで次々と覚めはじめています。しかしその時、しっかりとその進むべき方向を指し示すものが何かありませんと、思わぬ道へと迷いこんでしまいます。

そのことをひとつの例え話でいいますと、あたためられた卵が割れ、その中から産れ出たヒナ鳥が目を開けたその時、その目に映った初めのものを親として認めてしまう、といったあの話によく似ているのです。人間的な視覚から人々が不可視の世界へその思考を広げていこうとします時、初めにどのようなものに触れていきますかはとても大切なことではないでしょうか。そのことをあなた方には、よくよく考えていただきたいと思います。

これからはますますいろいろな方々との繋りですとか、大きな関りが生じてまいりましょう。どうぞあなたらしいやり方で、そのようなおつきあいの輪を広げて下さいますようにとお願い致します。

それでは、ノートの切りが良いのでひとまずは休むと致します。

あいしています　　　いえす

＊今夜は珍しいお客さまがあり、とてもにぎやかな夜をすごしました。それにしても、人の過

去世というものは、もちろん自分のことも含めて、知っていいのかわるいのか……、と考えてしまうことがよくあります。

いまあなたは本当に本気でそのようなことを言っているのでしょうか。私達はあなた方には知って悪い過去世を知らせるようなことは致しません。私達によるこのような働きかけであろうとも、また自分自身の力によるものでありましょうと、すべては必要があってのことばかりです。今さらこのようなことを私達は言う必要はないのですが、これもまた仕方のない必要性というものでありましょう。

いいですか、もうこのあたりでこのような話はやめに致しましょう。もうこれらのことは乗り越えていただきたいのです。あまりこだわらない方が良いと思います。

これはあなたの問題です。つまり、知らされた過去世は、あなたがどう自分のことを自覚したら良いのかということなのです。私達はあなた自身の心に出来るだけ負担がかからないように、との配慮の上で少しずつやってまいりました。

さあ、明日からはまた楽しくやってまいりましょう。

あいしています　　いえす

十一月六日（日）

＊おはようございます。今日は久しぶりに一人で小川町行きです。このごろはすっかり畑の方、ごぶさたばかりしています。

はい、おはようございます。時々一人になることは必要なことです。また、一人になって成すことは多くあります。畑のことも大切ですが、他にも大切なことが沢山あるはずなのです。もはやひところのようにあまり頑張りすぎないでやってみてはいかがでしょうか。

人々はそれぞれに、成すべきことを成してまいります。あなたはあなたで、いまのあなた自身の心が自由におもむくことを成せば良いのです。それがあなたにとって一番大切なことであるといえます。

あまりに忙しい部分は少しずつ他の方々におまかせなさい。そこでまた新しい芽生えがありましょう。むしろそのことの方が大切なことではないでしょうか。新しい人々、若い方々が大きく育っていく良いチャンスだと思います。

さあそなたよ、目覚めたまえ。目を覚し、今よりは我らが伝えたることいましばし記したまえ。

今そなたの目にうつりたる秋の気配をこそは写したまえ。まことにのどけきしじまにてあり。人々の暮しにありてはまことにまことに何ごともなきかに見ゆるものにてあり。世に人たる者住い致さずば、世はまことにこれら我が創りたる姿のままにてうつろいゆきたるものにてあろうものを。

しかるに、世はまことに人なる者さまざまに住い致したるにより、ただ静かに過ぎゆきたることあたわざるなり。

人々その生きたる姿の上にありて、我が創りしさまざまなる物ことごとくうまく使いこなしたるものにてあるも、なかにはいささか誤りて使いたるものもあまたあり。

人はまことに人のみにて生くるにあらず。しかるにそのこと忘れたる者多くあり。まことに忘れたるにより、他に生くる者の姿、形、その心のうちなるものに気を使いたることいささかもなし。人々みなその好みたるままにて山を崩し、野を削り、川なるものの姿変えたることなどさまざまになしたるなり。

人々すべからく、それら行われしものの全容《すべて》を眺むることあたわざるものにてあり。しかし、しばし心してその足元をこそ見るが良い。そなたらの足元にて、いかなるものごと起りてあるや。その見たるもの感じたるものを通し、そなたら人なるものの他に生くるものになしたる仕業こそは知りたるものにてあり。そのことの持てる意味こそは知りたまえ。

まことにそのひとつひとつのことにありては小さくこまかきことにてあるも、そのこと、このそなたら住い致せしこれら丸き星の地表あまねく覆いてあるならば、この星の持ちたる痛みこそはいかばかりのものになりたるや。

しかるに、もはや時至りてあるなり。そなたらの住い致せしこの国にありてもさまざまなる変化の時を迎えたるものにてあり。

あちらにもこちらにも、さまざまにことは起りゆきぬ。心優しき者、心直なるなりし者、右に左にとあたふた致せし時にてあり。それもよし、なしたきままになすが良い。心ゆくままになしたまえ。そのことのうちにて学ぶべきものまた多くあり。

しかるに、ある時ふと立ち止りたる時こそは来たるなり。その時、我が大いなる試みにこそは気付きたるものにてあり。人々のなせしさまざまなることがら、すべては我が懐のうち、手のうちなることにてあり。

そなたらの住い致せしこの星の上にありては、これよりはさまざまなる試みこそは続きてあり。否、はやそのことこそは始りてあり。もはや押しとどむることあたわざるものにてあるも、いささかも恐れたることはなし。人々心を鎮め、息をこらし、この星地球のリズムにこそはその呼吸《いき》を合せたまえ。

この地表にて起きゆくさまざまなること、そのことすべてに心を騒がしたまうな。静かに見つめたまえ。すべてはまさに過ぎ越しの時にてあり。

そのことはや過ぎ越したるのちにありては、新しき時こそは迎えたるものにてあり。そのこといささかも疑いたることあたわざりし。

我にてあり

まことに今日は静かでおだやかな秋の一日でございます。あなたの周りにありました先程までのとてもあたたかな秋の陽ざし。かたわらの木立の中で鳴き交す小鳥達の賑やかなさえずり、すっかり様変りしました夏草の姿。どのひとつをとりましても、世はまさにこともなし。太平の世であるかのように思えているのではないでしょうか。

しかしごらんなさい。ひとたびもっと深く奥まで幅広く見ていきますならば、そこにもかしこにも、見るも無残な開発の手が押し広がっている様が見えてくるのではないでしょうか。心ある人でありますならば、どうしてそれらを黙って見ていることなど出来ましょうか。なんとか止められるものなら止めてみたい、と思って動き出しかねないことばかりではないかと思います。野山の痛みがそのまま我が身我が心の痛みとして感じとることの出来る人達も沢山居ることもまた事実でございましょう。

そのような視点でこれらの自然破壊や環境汚染問題などに取り組みます場合は、その方向性をそれほど大きく見失うことは無いとは思いますけれど、とかく運動といいますものは理屈に走り、全体としての問題をよく掴みきれない局所的なものになってしまいかねません。そのあたりのことはよく気をつけていかなければならないことと私達は思っているのです。また、いたずらに怒りや悲しみばかりを強調し、ぶつけていきますのも良いとは思いません。

いずれにしましてもこれから先は、今までにもましてどれほど多くの出来ごとがあなた方人々の前に姿を変え、形を変えて表れてまいりますことか。それらはもはや、人の力で止める術はないと私達は思います。ただ出来ますことは、それら多くの出来ごとを、出来るだけ小さく静かなものへと変化させていく手段《てだて》であると申せましょう。いわば、現代《いま》はまさに過去から未来に向けての過ぎ越しの時であるといえるのです。

人々は、この新しく押し寄せてまいります過ぎ越しの時を越えましても、まだしばらくはその余波の中で過すことになるとは思いますけれど、いつでもあまり気張りすぎることのありませんように、出来るだけ自然に気を楽にと申し上げたいと思います。

これから先起きますことはすべて、あなた方は過去の歴史的な出来ごとの中で、リハーサルとして経験したことばかりである、といえましょう。

そうです、あの歴史に残ります〝出エジプト〟の繰り返しのままに、すべての出来ごとは仕組まれてまいります。その為にこそあなた方人々は、長い人としての歴史の中でさまざまに生きてきたといえましょう。

しかし、かの時、神の手を通してなされましたまるで天変地異ともいえる一大スペクタクル的ドラマは、もはや同じように起きることはありません。

もちろんそうです、このたびは、あなた方人々の心の中に、そのような一大奇蹟ともいえる出来ごとが起きてまいりますでしょう。人々はいながらにして自が心の変容に気付き、そのこと故に一大飛翔を遂げ得るということなのです。

こたびこそは、人はみな、自分自身の高貴な魂に気付いていくのではないでしょうか。

今私達がこのようにして、あなたの手を通しこのノートに記しておりますことのほとんどすべてのものは、まことにそのことの為であると申せましょう。

かつての時モーゼを通し、伝えられました律法の書は、こたびはこのように形を変え、また新たなることとして記し出されているのです。これらのノートのどこを開きましても、決して読むにあたいしない所などありません。無差別に、どのノートでも開いてみると良いのです。かならずや読む人々の心をひきつけずにはいられないものがあるのではないでしょうか。

そのためにも、いまひとつあなたの視野、思考範囲を広くとりますようにと、さまざまなることをしてまいりたいと思います。さらなる人々との出逢いもあることでしょう。それらの人人の力とも相まって、さまざまなことがなされてまいります。唯一人として必要のない人はおりません。どうぞそのことをしっかりと心の中に据え、また私達との交流を続けてまいりましょう。

このノートもいよいよこれで終りとなりました。また新しいノートにて、新たなる気分で記してまいりましょう。

あいしています　私やあなたに連なるすべての者より　いえす

ノート 10

十一月六日（日）

＊とうとう十冊目のノートになりました。自分でも良く書いてきたと思います。そして初めの一冊目の時と今との、この大きな〝力〟の違いというものをつくづく感じるのです。

こんなことになろうとは夢にも思いませんでした。それに私は、自動書記という行為は、他の方がされるような、いわば人の前世を知るとか引き出すとかいったようなことでしか捉えていませんでしたので、今の私のノートの中味のようなことを、こんなにもはっきりと、量的にも多く書いていくとは思わなかったのです。

でもやはりあの私の大好きなケーシーのように、出来たら人々の病を癒す方法などを伝えてもらえたらどんなにいいかと思っていましたし、また私達や、この地球や、出来たらこの大宇宙のさまざまな歴史を知ることが出来たらどんなに良いだろうと思うことが多くありました。ですから、娘達を通していろいろと伝えられましたことがらは、私にとってはまるで宝石のように大切なことばかりでした。いつの日かきっと、また再び同じようなことが繰り返される時があるにちがいないと、ずっと思い続けてもいたのです。

そして今、そのことは、このようにして現実のこととなりました。いままでは、これまで全く未知であった素晴らしい方々との出逢いも沢山得られました。それまではただ偶然に知り合ったとばかり思っていました人達との出逢いが、実はより深いところでの知り合いであったことなど、まさしくこの世の人生とは素晴らしいドラマそのものであることに気付かされているのです。

今でさえこうなのですから、これから先、一体どのようなことが起きることになるでしょうか。ひとつひとつの出来ごと、一人一人との出逢いなど、本当に大切にしていきたいと思います。そしてこれからはなおさらに、どのようなことに対しても決して思い迷うことはないだろうと思います。（注・でも現実にはなかなかそういうことにはなりません。いつも迷ってばかりです。それでも最後に結論を出していくのは自分以外にないわけですけれど。）

征

ほんとうに良く書いてまいりました。これからはまたさらにいろいろと書き記していくことになりますでしょう。

これから先は、さまざまなことがらがさらに具体的な形でなされていくことになると思います。今までのような迷いの時を抜け出して、もっともっと明るく楽しく、喜びの心を広げていくことが出来ますように、と心から願っています。

そしてその心のエネルギー、波動が、人から人に、一人から二人に、三人にと次々伝えられ、広げられていきますようにと思います。そうしますと、あなた方人々の体は、それこそ文字通り、非常に軽くしなやかになってまいります。そのことが一体何を意味するものでありますか、改めていうまでもありますまい。人々の身も心も、すっかりと明るく軽い波動になっていくのですから、そのことは、この地球全体の波動をも変化させずにはおかないのです。

現実にはまだまだ多くの苦しみ、不和、哀しみ、不安などが人々の心をとらえて離さないことと思います。でも、それはそれで良いのです。すべて必要でないものは何ひとつありません。このような現実がまだ終わりにならないということは、それを必要としている人たちがまだ沢山いるということです。

でも、道標はつくってまいりましょう。人々の心がそのようなことからふと目を上げ、他にもっと気が楽になる世界があると気付いて下さるときのために、明りとりの窓をひとつこしらえておきましょう。誰でも来て、自由にのぞきこんでいただけますように。そして自由に入ってこられますようにと大きな広いドアを幾つもつけましょう。

それでは、今夜はお休みなさい。

いえす

十一月七日（月）

＊いま、少し前の方（三冊目）を読みなおしてみました。特に文字の変化、つまり、最近書いている文字と、前の頃の文字の持つエネルギーの違いを強く感じます。でも、話の内容はそれなりに面白く、前の方のノートがあって初めて今があるといったことが良くわかります。でも、いきなり〝るしえる〟のサインで話がはじめられた時には本当に驚きましたけれど……。

はい、私はるしえる。そなたも今しばし、このノートを振り返りてみるゆとりが出来たのであろうか。この数カ月の間、そなたの日々にありてはまことに密度濃きものであった。我々もまた絶えまなく、そなたにさまざまなることを伝えてまいった。まるで流れの堰《せき》を切ったようなものであったから……。そなたもまた、これらのこと、よく捉えてくれたと思う。

さて、そなたよ、少しは気付いてきたであろうか。今この時、この時代にあって、そなたら人々の中に何が起きようとしているのであるかを……。

そなたはまことに、いまひとつの我が姿のようなものである。いまこのようにして人々の中に住いし、人々と共にさまざまに生くることの、そのことの意味するところのもの、そなた自身、まことに少しずつ気付きはじめてある。

我はまことに、そなたを心より慈しみ育てたる者にてある。いまひとたびはそなたの魂、人々の中に解き放ちてあり。そなたそのことに気付きたることなくば、まことに我らが望みたることなすことあたわざるものにてあり。

しかし今はよし。今はまことにそなたのその目覚めたる心のうちにて、我らはことごとく語りゆくものとはなれり。今よりはまたなすべきこと多くあり。心してなしたまえ。

愛ある波動をそなたに　　るしえる

十一月八日（火）

＊こんにちは。今日はすっかり寝坊してしまいました。おかげでいっぺんに寝不足が解消しました。でも、この何げない文字ひとつにかかってきますこの磁石のように強い力には、少々おそれをなす思いでいます。

はい、日一日と、この力は増していくばかりです。もはやあなたの予想以上の力となってあなたの体の中で働いているのです。今まではこのようにしてことこまかく、言葉、そして文字という形で示してきたことを、これからはその体のうちに現していくことになってまいります。

あなたとしては何げなくやっていいます日常的なことがらの中で、それらはことごとく表現《あらわ》されてまいります。

またこれから先、人々がどのようなことに関心を持っていくのか、そのことにあなた方はよく注意していくと良いのです。そのひとつひとつのことに、私達は出来るだけ応えてまいりたいと思います。もちろん、あなた一人で出来ることではありません。まずはあなた方のまわりにあるひとつひとつの出来ごと、一人一人の想い、そのようなことの中でやってまいりましょう。いろいろの方々が、それぞれにその持てる力を充分に発揮して下さいますことを私達は心から願っております。

これより先、あなた方の許にはさまざまに新しき顔ぶれが集ってまいりましょう。その新しき者、旧き者との交わり、よくなされていきますならば、どれほど大きな力になってまいりますことか。

また、ひとつ心せねばならぬことがあります。あなた方はさまざまに集いました時に、〝師〟といった存在をつくり出さないことです。すべてはひとつのものから生れた等しき仲間、魂の仲間であると知って下さい。その集います仲間の中で、さまざまな役割というものはあるでしょう。このようにして私達からの言葉を直接に受け止める者もありますし、人々にそれら来し方行く末のことを、さまざまなるビジョンにて見せてくれる者もありましょう。すべては誰より誰が偉いといったようなものではありません。すべてはそれぞれの個性というものでありましょう。そのことを決して忘れないでいただきたいと私達は思っています。

今、あなたの心と体、またあなたの住んでいますスペースは、出来るだけ多くの方々の前に広く大きく開かれますように、と私たちは願っております。

〝人は言葉のみにてはあらず。人はその暮しの中にこそはなすべきこと多くあり。〟

さあ、良く生き、良く暮すことの中にあってはじめて、私達のその言わんとすることが何であるのかを知ることとなりましょう。

すべてのことは、日々の暮しの中に活かされていくことが大切です。今までのように、その勉学の中にのみ真理を見出そうとしてもだめなのです。衣《き》ること、食すること、住いすること、といった人々の日常生活のなかでこそまことのことが何であるかを知ることが出来ましょう。

人のつくった道のあとを辿る者もいるでしょうが、道をつくりながら歩む者もあります。あなた方にはぜひ後者となっていただきたいと私達は願っているのです。どうぞいろいろなことを試みてみて下さい。

いえす

十一月九日（水）

＊おはようございます。毎日同じことをいうようですが、やはりこの力は少しばかり持てあまし気味です。なんとかなりませんか。

はい、やはり出来るだけ多くの方々と関りますことで、つまり、他へ流していくこともひとつの方法かと思います。人々のためにも役立つことですし、あなた自身のためにも必要なことでありましょう。今、ほとんど完全なバッテリー状態になっていますので、その力をどのようにでも使っていけば良いのです。ただ無駄に溜めておくことはありません。使っても使っても減りはいたしません。

＊今日はあのあと、三人ほどの方に触れることをしました。そうしましたら、ずいぶんと楽になりました。

はい、それはとても良いことでした。もちろんあなたは、これらの強い力にもすぐに慣れて、そのようなことをしなくてもよくなってまいります。それまでの応急手当てと思って下さるのが良いのです。前にも話してありますように、このことはたんなる癒しの術だけではないことを、あなたはその経験を通してもっとはっきりと知っていくことになると思います。
それでは……。

あいしています　いえす

＊お店のお当番が終りました。明日は久しぶりに名古屋にまいります。朝早いのですぐにも帰って休みたいのですが、今日は今までにない初めてのことがありましたので、ここに記しておきたいと思います。それは、お店の平田君がギックリ腰をやってしまったということでしたので、つまり、その彼の体に触れていきました。彼はとても気持がいいと喜んでくれましたし、手があたたかいとか、なんだか眠くなってしまったとか、他の人と同じようなことを言っていたのです。ところが終ってから、彼の方は元気そうになったのに、私の両肩がいっぺんに痛くなって重くなって、大変でした。やっている最中にも触れています指先がジンジンして、とても痛かったのです。今はもう何でもなくなっていますけれど、結局は何だったのでしょう。

はい、つまりそれは、ひとつの経験というものです。今日あなたは朝のうち、あの若いお母さん達とのやりとりの中で、つまり、人に手当てを施した後、その人のものを受けるか受けないか、という話をしていました。もちろんあなたは、何人に施しても何も受けないし、疲れることはないと話していたのです。実際その通りなのですからそれはそれで良いのですが、それでも一度私達は、人のものを受けてしまう、ということがどのようなことであるかを、あなたに体験していただいた方が良いと思いました。

結果はごらんの通りのことになりました。つまり、あまり力のない者が、ただむやみに人の体の手当てを致しますと、逆に自分の方に受けてしまうことが多いということです。また病のある者が他の者に関ってはいけない、ということもあります。

人はその者の持てる能力《ちから》以上のことは出来ません。その人の持っています力以上の力の者に関りましても、何の効果もありません。わかりましたでしょうか。

ご苦労さまでした。おやすみなさい。

いえす

十一月十二日（土）

＊おはようございます。爽やかな朝です。みながこのように明るく爽やかな気分でいられますようにと願わずにはいられません。いろいろのことが、まことに凄いスピードで進展していく

ように思われます。何がどう展開していくのかわかりませんが、すべてをこの流れに委ねてみようと今は思っています。

そう、そのような境地になっていただけますと、私達もどんなにかものごとが運びやすくなりますことか。どこかにブロックさせることのないように、今あるがままを受け入れ、そして流して行くと良いのです。そのようにしますと、あらゆることがらが、信じられないような速さで、あなた方が願う世界へと移行してまいります。もはやこの地上的な世界観の中に囚われている時ではありません。

あなた方に今ありますのは、全く自由に思考する、いわば私達本来の姿の世界であるといえます。あなた方の心のあり方次第で、いかなる世界へでも高く高く飛翔していくことが出来ましょう。今、そのことはすでに始められているのです。

それはほんとうに単純な仕組なのです。ただ素直であり、それぞれの目の前に現れてまいりますすべてのことがらを、あれこれ詮索せずに、あるがままに受け入れていくことです。降る日は降るがままに、晴れる日は晴れるままに。人としての感覚では良い日、悪い日とそれぞれあるでしょうが、それもよし、これもよしの境地でありますようにと今は申しておきたいと思います。

さて、あなた方はこれからまた、過去に未来にと、さまざまなる体験をしていくことになるでしょう。

すべてのものには、やはりいまだ段階というものがあります。自分の持てる周波数（波動）に合わない世界は、やはり見ること、感じとることは出来ません。それでもさまざまなことがらを、良く見たり聞いておくことは大切なことです。そのことが今その時には理解し得ないものであっても、いずれの日にか、すとんと胸に落ちるときがまいります。

そのようにして、人は自分にない世界をかいま見ながら少しずつ成長してまいります。そのようなことが出来るのが、この地上的なあなた方の世界であるといえます。そしてそのことが、あなた方が人としてこの地上に生を受けている所以《ゆえん》でもありましょう。

そうです、そのこと以外に、何があるでしょうか。まことにそのこと以外の生きる理由など何ひとつありません。よいでしょうか、今朝はこのことをぜひ伝えておきたいと思いました。

さて、かの女性の辿りました〝生命《せいめい》の花〟咲きたるかの霊室こそはまたあなた自身のものでもありました。あなたはすでに幾千年、万年、あるいはそれ以上の太古の昔より、かの霊室直属の霊なる存在でありましたことを、今ここに伝えておきたいと思います。

かの生命の花咲きたる大いなる生命の泉こそは、いまそなたらの手のうちにて新しき泉の水、新しき気の泉となりて、この大蒼《おおぞら》、この宇宙のすべての空間に漲《みなぎ》りゆきてあり。

その霊室にまで至りたるものにありては、いまだその数まことに少なきものにてあるも、彼《か》の者、その光となりて辿りたるにより、自らの光に案内されて辿りたるものなり。

自らの光とはいかなるものにてあるや。自らの光、その光こそは、そなたら人なる者すべからく持ちてある我が分霊、我が光なり。そのことまことに極りたれば、すべからく自ら光を発するものにてある。自ら自光致すこと可能となり、自らがすべからきものの根源とはなりたるなり。彼の者、かの太古の昔の記憶甦りたるにより、そのことはまた可能とはなりたる。

その泉の水こそは、あまねくこの大気のうちにて解き放ちてあり。

そなたよ、今そなたのなせしことがら、いまだ多くは秘めおきてあるも、おおかたのことはこのことなり。そなたにより解き放ちてあるかの新しき泉の力こそは、かくばかり人なる者の気をも、さらにさらにと解き放ちてその者本来の姿に戻しゆきたる。そのことに人々気づきたるもよし、気づかざるもよし。しかるにことはそのようになりゆきてある。

もはや時至りてあり。かの生命の霊室こそはまたそなたの手のうちにて解き放たれしものにてあり。

まことに　まことに　善きかな　善きかな

さあ、いよいよドラマはさらにスケールの大きなものへと展開致してまいりました。

もちろん、かの生命の花の咲きますひとつの霊室にありましては、これら宇宙の根源意識の生命の源であるといえるのですが、見方を変えますならば、すべてはあなた方の心の真髄の世界であります。人々の心の奥深くには、かならずやこの生命の花の咲きます生命の霊室というものがあるのです。その部屋にまいりますための、いわばブロックをあなたは解放したものでありました。

人々すべて自《おの》が光なることに気づきますならば、すべてはその闇の通路をことこもなげに、そうです、彼の者の申しておりましたように、自らの光にて闇を光に変え、何の不安もなくその部屋に辿りつくことが出来るのです。彼女は、まずはすべての人々に先がけて、そのことをなして見せたものでありました。そのことの意味を、あなた方はまことに良く知りますようにといわなければなりません。

それ故に、昨夜は良き旅立ちの日となりました。そのことはまた、太古の昔より約束されていたことでもありました。

我なり

いえす　征

自分自身が灯り（光）になるという話

十月二十九日付の話の中で、ピラミッドの地下深くにある不思議な部屋のことを紹介致しましたが、今日この日の話は、つまりはその話の続き、延長のことと考えて下さって良いかと思います。

私が知り合った二人の女性のうちの一人は、その後も度々彼女自身が視る不思議な世界のことを話して下さっていました。彼女は、この前の大きな水晶のある記憶の部屋よりもさらに奥にある、いわゆる、あらゆる生命体、あるいは宇宙そのものの起源の部屋ともいえる部屋まで行きたい、辿りつきたいと思っていたそうです。ある種のエネルギーの高まり、あるいは解放、変化によって彼女はその後、記憶の部屋を通り抜け、さらにせまい通路を通って行ったそうです。そこまでは、一人の衛兵というのでしょうか、ひとつの灯りを持った案内人が居て、その灯りで彼女の足元を照しながら、「どうぞこちらへ……」と案内してくれたとのことでした。ところがある場所まで行きますと、そこから先は真の暗闇、暗黒の世界となり、いっさい何も視えない解らない空間がただただ広がっているだけでした。そしてその案内人がいうには「さあ、これから先はもう私の領域ではありません。

この先は、いかなる人であっても自分一人、ただ一人で行かなければならない世界です」

そういって、きびすを返して行ってしまったということです。

そのあと彼女は思案致しました。そこから先、いったい自分はどうやってその暗闇のどこかにあると言われる生命の部屋まで行ったら良いのかと……。案内人はもう行ってしまいました。

ところがその時、彼女はふと気付きました。なんだか自分の周囲がぽっと明るくなっていることに……。どこかに灯りがあるのかと思って見まわしても、そのようなものは何もありません。そのうち彼女はさらに気付きました。どこか他から照してくれる灯りがあるのではなく、彼女自身、自分自身が光になって輝いていることに……。ですから自分が一足歩けば、その光はその分移動していきます。二歩、三歩と進むごとにその光の量は増していき、とうとう彼女は自分自身が光り輝くことによって、その目的の生命の部屋、宇宙意識の根源なる部屋まで辿りつくことが出来ました。

いったいこのことは、私達に何を教えてくれるのでしょうか。

それはつまりは、私達人間の魂の歴史であり旅路のことではないかと思います。人の歴史が始って以来このかた、人々の前には絶えずその精神的な何かを導くためのマスター、いわゆる教師達がさまざまな形をとって現れ続けてまいりました。みな灯りを高く掲げ、

「さあ人々よ、神の道はこちらですよ……」と案内し続けてくれたのだと思います。そしていま私達はやっと、「さあ、これから先は、あなた方自身で歩いていくのです。何故ならばあなた方は、光そのものなのですから……。あなた方がそのことに気付きさえすれば、あなた方はそのありのままの姿のままに光り輝くはずではないでしょうか。そしてあなた方は、あなた方自身の光で自分を私のところまで案内してくれれば良いのです。さあ、さあ……」と言われ促されるところまでやってきたのではないでしょうか。長い長い人としての旅路の果てに……。

ほんとうにいま私達は、他人《ひと》さまの掲げる光に照らされ歩いていくのではなく、自分自身を光り輝かせて歩いていくのです。これはそういうことの、いわばとても象徴的なお話でした。どうぞいま一度読み返してみて下さればそのことがよくお解りいただけることと思います。

このことにつきましては、後の方でもう一度、もう少し詳しく書くことに致します。

十一月十三日（日）

＊この数日、またいろいろと変化があり、いろいろと考えています。そのこともですが、記述の最後で、征というサインになりそうで困ります。

はい、そのことはもはや当り前のことであるといえるのです。私達が考えること、思考しますことは、またあなた自身のそれであるといえるからなのです。

人としてのあなたの考えの中では、まだ私達は別なる存在としてあるのかもしれませんが、あなたの本来の意識のうえでは、もはやすべてといって良いほどに、私達のそれと同化してしまっているのです。あなたはあなた自身で答え、記述していると言えるのです。もしあなたが今、私達のがわに居る存在でありますならば、あなた自身が今の私達のような立場をとるものでありましょう。ですから、征なるサインはそのままに記すのが良いのです。無理に私の名をサインする必要はありません。

これからはますますそのようなことになってまいりますでしょう。すべては自分自身の中に用意されているものなのですから。良いですね。

いえす

〝征〟（せい）というサインについて

これから先、私のノートには、時々〝征〟というサインが出てきてしまいます。初め私は、これはとんでもないことだと思いました。当然あちらの意識と思って何か尤《もっと》もらしいことを話すといいますか、書いているわけですが、最後の方になり、いざサインという時、どうしても自分の名前になってしまうのです。

これは、手紙などを書いていて、終りに自分の名をサインするのと同じ感覚なのですね。多分そのせいかな、と思いましたが、やはり何だか違うのです。ノートに〝いえす〟とか〝まりあ〟〝るしえる〟〝我〟などのサインが生れた時と同じ感覚で、〝征〟のサインは生れてきてしまいます。いってみますと、自分がまるであちらの者になってしまった感じなのですね……。

でも、魂といいますものが、ほんとうに自由にあちらとこちらを往来することが出来るとしたら、それは可能なことであり、何も不思議ではないわけです。いまひとりの自分が、何にも解っていないこちらの自分に、なんだかとても解ったらしいことを言ってきかせてるって、そんな感じなのですから……。

本当はみんな誰でもが、そのような魂の〝二重性〟といったものを持っているのだと思います。私のなかではいま、誰もが持っているはずのさまざまな可能性とかテーマといったものが、いろんな形で表わされているように思います。

十一月十四日（月）

＊こんばんは。今日は少し遠出をしました。なかなか書く時間がありませんでした。ところで私の知りあいが、いまご自分の中で働き始めた力（エネルギー）を使って、他の人達に対し、ビジネスとしての働きかけをしようとしています。そのことについて、今朝相談のデンワを受けました。

はい、そのことにつきましては、私達も一言伝えたいことがあります。今まではあなた自身がそのことに触れますことを控えていましたので、私達もまたそのようにしてまいりました。つまり彼女の中で、あるいはいま他の多くの人達の中で、さまざまに働き始めました不思議な力、エネルギーのことなどについてなのです。

このような〝能力《ちから》〟は、決して金銭に引きかえてなされるものではないということです。このような力を、ビジネスといったような形にいたしますと、たとえその動機がどのようなものであれ、だんだんと歪められてしまう場合がとても多いのです。また、そこに集ってまいります人達も、たんなる興味本位になってしまいかねません。

あなた方はそれらのビジョン、あるいは異次元からのメッセージをお金にかえて得ようとすることに、何も違和感を感じないでしょうか。

そうですね、これからの世は、ますますそのようなことが持てはやされ、そのような力を持つ者に対し、一種独特な関心といったものが寄せられていくことでしょう。どのように多額の金子《きんす》を積みましてもそれら霊的な体験をしてみたいと思う者も、数知れぬ世界となってまいります。ですからなおさらに、あなた方は気をつけなければなりません。

少くとも、征よ、あなたにかかわります者の中からは、そのような者を出す必要はありません。そのようなことは他の人達にまかせておきなさい。そのようなことの中で救われる者もまた多くあるでしょうが、あなた方には無償の行いのうちに己れを現し、人々との関りを持っていただきたいと私達は思います。そのことがまたあなた自身の、彼女達への願いなのではありませんか。

あいしています　いえす　征

十一月十六日（水）

＊おはようございます。昨日はとうとうこのノートを開く折がありませんでした。今日は久しぶりに曇り空です。さて、私はやっと、自分の体にどこからエネルギーが入ってくるのかわかりました。出る方は、多分そうだろうと思っているにすぎませんが。

はい、おはようございます。晴れる日曇る日、さまざまです。こんな日は、やはりお日さまが恋しくなるとは思いませんか？

さて、あなたのそのエネルギーの注入口ですが、今はまだ、あなた自身でも感じていますように、足の裏面であることはまちがいありません。絶えずそこから体の中に注ぎこまれていきます。その力が足を伝い、腰部、腹部から胸部、そして頭部へと移行していく様子は、今朝ほど数回に分けて、あなた自身はよく体験し、感じとってまいりました。

出ていく方は、手の指先、あるいは口（呼吸による）、そして今は頭部の頂点であるといえます。この回路がうまく通じますと、体の中でとどこおることがありませんので、前のような

満タン状態というものがなくなります。必要な時に必要な量だけを使えば良いのです。しかし今朝のエネルギー量はすさまじいばかりでした。良く受け止め、流してまいりました。上出来です。ではまたのちほど。

いえす

（注・でも本当は、このようにあまり限定されたものではないように思います。初めのころは私もあまりよく解りませんでしたので、いろいろに分析してみたい気持がとても強く働いていました。でもいままでは、これらのことは私の体全体で、何やらとてもうまく調整されているように思います。）

＊先程、ほんとうに久しぶりに、三好さんのおじいさんを訪ねました。近くを通ってもなかなか時間がとれなかったのですが、今日はほとんど一年ぶりのことでした。何だか、大国主命《おおくにぬしのみこと》信仰とかに一生懸命のご様子でしたので、私の方のことは何も話をせずに帰ってきたのです。

そうです、そのことは良くわかっています。あの方はあの方なりに、どれほど強く私達の世

界を求め続けてきたことでしょうか。その、求めることだけではなく、それ以前の多くの人生のなかで、実に多くの力を自分のものとなし得た者の一人です。

ですから、十年、あるいはそれ以上も前に、まだ何も感じようとしていなかったあなたに対し、彼を通して沢山のことを伝えることが出来たのです。

今はまた彼の心の求めますままに、少しばかり方向の異る世界との交流を続けてはいますが、基本的にはすべてを識る者でありますから、今私達があなたを通して伝えていますことがらも、すぐに理解し得ることと思います。

彼は彼なりの心の世界を持ち、彼なりの人とのつながりを持ち続けてはいますが、いま一度《ひとたび》、私達は彼との交信を得たいとも思っています。彼の場合、そのことはまことに簡単なことなのです。

とりあえずは、彼がまず私達の今の状況（つまりあなたを通しての世界）を知ることです。折をみて、もう一度そのことをしてみて下さると良いと思います。

そうですね、一人ずつゆっくりと、そして確実にやってまいりましょう。

あいしています　　　いえす

三好のおじいさんのこと

三好のおじいさんは、つい最近（初版刊行の一九九一年当時）、九十才近いお年で亡くなられました。お名前は「勝利《かつとし》」さんといいました。

私がおじいさんと知りあいましたのは、もう十二、三年も前のことでした。子供達がまだいろんな天使達とのおつきあいをしているころで、そんな子供達のことを誰にも話すことが出来ずにいた私にとって、三好のおじいさんは唯一の話し相手でした。

その頃はこんな視えない世界のこと、視えない世界の人達、そして、まるでおとぎ話のような天使達と親しくつきあっているなんて話、誰もまともには聞いてくれなかったのです。うちの夫なども全く受け入れてはくれず、逆に、私達がそんな話をしているととても不機嫌になったものです。たぶん私達がどこかおかしくなり、このままいけば気がふれて精神病院に行くようになってしまうのではないか、と本気で思っていたと思います。ですから、私と娘とは、誰も居ないのをみすましては、その日その日にあったことを話しあっていました。私はその頃毎日、その視えない世界からの話や、彼女が自分の体を抜け出して行った先で見たり聞いたりしてくる話を聞くのが、とても楽しみでした。でも、外から帰ってくる父親、つまり夫の気配がしますと、私達親子はパタッと、まるで貝がその蓋を閉じてしまうように、その話をするのをやめてしまいました。

そんなある時、私は何かの集りの中でひょっこり三好のおじいさんに出逢ったのでした。おじいさんは私の真正面に座っていました。その時のいろんな事情は省くことにしますが、しばらくしておじいさんは私にいいました。

「奥さん、あなたがどこの誰方さんか私は解りませんけれど、奥さんはいろんなこと、ずいぶん遠まわりしておいでなさるように思います。奥さんはほんとはもう全部いろんなこと、ご自分で識ってらっしゃるはずですね。その証拠に私には、奥さんの後にいらっしゃる方々の姿が、さっきから全部視えています」、とちょっと関西訛で話されました。

思わず私は自分の後を振り返ってみたのですが、誰もいないのです。

「奥さん、振り返ってもだめですよ。私の言ってるのはあちらの世界の人達のことですから……」と笑って言うのでした。

まあそれはそうだけれど、いったいこのおじいさんは、それこそ誰だろう？　まるでうちの子供達のようなことを言ってる。つまり、現実には見えない人達のことが、どうやら視えてるらしい、と思いました。

その時おじいさんは、私のオーラや、私と一緒に部屋に入ってきた視えない世界の人達のこと、ことにその中の一人はとんでもなく大きな人物であることなどを話してくれました。

私はそのあとすぐに、そのおじいさんと連絡をとってもう一度おめにかかりました。そして、いままで家であったこと、もちろん私や子供達の沢山沢山の出来ごとや体験について、思いつくままに話し聞いてもらいました。まるで堰が切れた流れのような思いがしたのです。おじいさんは決してそれらのことを否定せず、全部うなずいて聴いて下さいました。私はほんとに嬉しかったのですね。自分の胸のうちに溜ってたものを全部、吐き出したような思いでしたから……。

そして、それからしばらくの間、おじいさんとのおつきあい、交流というものが続きました。私は娘達に何か変ったことがありますと、それを溜めておいて、時々訪ねては話しました。おじいさんはおじいさんで、朝ごとの観想の中で視たこと感じたことを、これはぜひとも私に伝えなければと感じられますと、すぐにデンワを下さいました。うっかり私が居なくて夫が出たりしたことがありましたが、そのあたりの事情を全く知らない夫は、私が変な高利貸にでもひっかかったのではないかと心配しました。でも事情を話すことは出来ず、なんだかんだと理由をつけては、こっそりおじいさんに逢いにいきました。

そのようにしておじいさんから聞いた話の中で、ことに印象的なものはふたつほどあります。ひとつは、この世、つまりは私達人間の生きていますす世界は、すべてあちらの世界の写し、〝投影〟であるということでした。

「こちらの世界にあるものは、たとえそれがなんであろうと、つまり物であろうと出来ごとであろうと、人の考え、想念であったとしても、人間の世界に起きる前に、すでにあちらでは起きている、つまり思考され、イメージされつくされていて、なんにも人の世界だけのオリジナルは無いのですよ。驚きましたね。私達はなんでも自分達で考えたり創ったり生きたりしていると思っているわけですけれどね、どうやらあちらの真似をしているにすぎないらしいですね……。あちらには何でもあるんですよ……」、とおじいさんは話してくれました。

そしていまひとつのことは、この世にある総てのものは全部、バイブレーション、波動、あるいは周波といったものに置きかえていうことが出来るというのです。

「今日はそのことをお話しなければなりません」といいながらおじいさんは、まるで高校かなにかの科学の時間のように、私の目の前にあるありとあらゆる〝物〟、あるいは電気、そしてその光、人それぞれの魂というか心、また風や音、そして私達が俗に言う神さま仏さまといった存在、宇宙を創りあげている力、そういったもの全部を、その周波、あるいはバイブレーションの違いで言い表すことが出来るということ、それはかなりのところまでを現代《いま》の科学の世界は識ることが出来ているし、これからはなおさらにそのことははっきりしていくに違いない、ということを話してくれました。

物だけでなく、人間の魂や心、それどころか神さまや仏さまの存在さえも、周波の違い、波動の違いで言うことが出来るといった話はとても大きな驚きでしたが、でもそれでは、いままでの神さまっていったい何だろう？　おじいさんの話を聞いていると、神さまの持っている波動はこの世で、この宇宙すべての中でいちばん小さく細かく、いえ、そんな言葉では言い表せないほど微小なものであり、それがこの宇宙すべてを満し、またすべてのものに姿を変えてるとしたら、つまりその微細な力、波動がすべてのものの素材であるとしたら、この世に在るもののすべては神さまであり、ああ、あの人もこの人も、そう、私も誰もかれも、それどころかあれもこれもが……、と思うとどこか少し頭が変になりそうでした。

でも、そんな話を延々としているおじいさんの前に座っているときは、途中から眠くなって仕方がなかったのも事実です。

それよりも、どんどんどんどん神さまが波動になって消えてしまい、全部のものになってしまうのですから、慌ててしまいました。神さまというものは、とても偉くて浄くて、何でも出来て、正しくて、困った人を、求める人を救いあげ援けてくれる絶対の人、いえ全能の存在であり、人は決して、どこまで行ってもそこに近づくことは出来ないと教えられてもきたような気がしていたからでした。

そのおじいさんが私に、ぜひともこのことは伝えなければという話は、他にもずいぶんいろいろありました。その頃は子供達と両方から、そんな話を聞かされ伝えられていたのです。ですから、いまの私のノートは決していま初めての話ではなく、その頃の話がとても大きな土台になっていますし、その後に出逢った人達から聞いたり教えられたりした話なども全部、私の中で大切な認識となり、そこを通してさまざまな広がりをしているのだと思います。つまり、私自身のオリジナルな話なんてほとんど無いということです。

何はともあれ、このおじいさんとの出逢いはとても大切なものでした。

それからおじいさん、どうしたと思います？　そう、私の子供達と同じように、いつのまにかそんな世界から、すっと遠のいてしまわれました。

そして、つい最近、四月十日の朝、その二日前の八日に亡くなられたと報せを受けました。一目お別れを、とお宅を訪ねたとき、やはりあのおじいさん、〝ただのおじいさん〟ではなかったな……と思うような、とても不思議で楽しい出来ごとがありました。

でもその時の話は、またあとのことに致します。

このノートの影には、いろんな人との出逢いや出来ごとが、沢山沢山ありました。

十一月十七日（木）

＊おはようございます。今朝はなんとなく気の晴れない日です。このところずいぶん寝不足続きで、ぱっと致しません。

はい、そのことは別に心配は要りません。たんなる疲れですから、徐々に回復いたしてまいります。しかし今日もまたこのあと、いろいろと忙しいことを私達は知っています。そのことでさらに疲労を重ねてしまいませんように、どこかで一度、ゆっくりと休むと良いのです。

今夜の集りは、またいろいろと面白いことになってまいりますでしょう。つまりはそれぞれが、とにかく素直になることを心がけていただきたいのです。

また後にて語ると致します。

さて、この宇宙の始りの時の様子は、今までの記述の中で、数回に分けて書き記してまいりました。もちろん、このノートの上で述べたことがらがすべてであるとは申しませんが、とりあえずは、いま人として日常的に暮しますあなた方には十分なことと思います。さらに詳しく細かくは、またそのようなことの必要となりました時に話してまいりたいと思います。とりあえずは、今のあなたとその周辺にあります人々が、これらのことをよく会得していただければそれで良いのです。

また、霊魂の誕生、あるいは生れ変りの仕組についても、一応それなりに話してあります。今朝ほどお店であの女性達が話していましたように、他の動物霊がこの地球の上での進化の過程で、人になったりまた動物になったりといったようなことはありません。

さまざまな多くの存在物の持つエネルギーは、時として科学的な変化変容を遂げてはまいりますが、それらのものが、人の持ちます霊魂のようなきめこまやかな波動にまで引き上げられますには、相当な年月を要します。それは、もしあなた方の時の計り方でいいますならば、永遠にも近いものであるといえましょう。

しかし、物質はたとえどのようなものであれ、それを極限状態にまで分解してまいりますと、そこには唯ひとつの絶対的なエネルギーとスピードある波動を持つ世界があるということです。ですから物から植物、植物から動物、動物から人へとその進化の過程を辿らなくても、終局的にはすべてのものがある種の働きによって分解され尽し、元なるひとつの力へと同化されてまいります。

あなたが何時も考えていますように、たとえば人々が嫌いますす原発による廃棄物のことでいいましても、もちろんあなた方人のレベルで考えれば、人にとってまことに都合が悪く恐ろしい物でありますが、人間以外の自然界、宇宙のすべての空間にとりましては何も特別に恐ろしいものではありません。あなた方の住む、その地上をはるかに離れました宇宙の中にはまだあなた方人、つまり人間の知らない未知なるもの、未知なる危険物がどれほど多く存在致しますことか……。それはあなた方がたんに知らないだけにすぎません。原発廃棄物などよりもっともっと恐怖をさそうような物の方が多いといわざるを得ないのです。

いまのあなた方は、あなた方の諺で良くいいますところの、井の中の蛙《かわず》そのものでありましょう。あなた方の体、肉体といいますものは、これらの大宇宙に対しての小宇宙であるといわれますように、その中にすべての要素を孕むものであります。ただあなた方はそのことを識らない、といいますか、識っているのに記憶として呼び戻せずにいるだけであるといえましょう。

いえす

十一月十八日（金）

＊おはようございます。昨夜の集りはほんとに面白かったのです。また、驚きの連続であったともいえます。（注・前の解説の中で書きましたように、私の〝手を打つ〟といった仕草の結果、ある一人の友人が突然異言や日本語でおしゃべりを始めた出来ごとがありました。それは初め

ての体験でしたから、とても驚いてしまったのです。）

はい、おはようございます。昨夜ははじめてあなたと声にて対面致しました。あなたは私が一体誰であるのかということをさかんに気にしていましたが、そのことは、昨夜も申し上げましたように、もはや今となっては誰でありましょうともかまわないのです。先日、あの神ご自身でさえも、もはや私に名前などは要らないと申されました。

私達は一人一人の独立した魂でありますが、それはあの昨夜の例えで申しましたように、いわば、ぶどうの木、ぶどうの房で考えて下さると良いのです。ひとつひとつのものが寄り添い寄り集って、ひとつの大きなぶどうの房となり、形をなしてまいります。そのことの中に、これら宇宙のすべての仕組といいますものがよく現わされているといえるのです。

あなた方は今まさに、ひとつの新しい時代への移行の時に人となって生れてきています。その中で、これまでに培ってまいりましたさまざまなる体験をより大きく、より有効に活かしていくことが出来るのです。昨夜はそのことを、ひとつの〝戦士〟といった名称で呼んでみましたが、もちろんそれらは、今あなた方のイメージの中にある兵士ということではありません。

今あなた方がこのように人として次々と出逢っていますことは、まったく偶然などということではありません。あなた方何人かの者がうまくコンタクトし、お互いにその力と情報を交し合いますならば、私達のこと、いえ、つまりはあなた方すべての人々にとってまことに実在でありますす世界のことを、次々とあきらかにしていくことが出来るのです。ただたんなる個人的な能力の違いといった世界ではありません。

良いですか、今あなた方は、一人一人が別々なる個性の者ではありますが、まさに昨日の例え話のように、ひとつの房となるべきグループであるといえましょう。今このようにして、それぞれは別なる人生を送ってはいますが、いましばしの間に、まだまだ多くの人達が加わってまいりましょう。それらの一人一人はすべてその者特有の能力を持ち、参加してくることになりましょう。

これから先、その一人一人につきましては、その個性に応じ、さまざまに力を働かせてまいります。そのことにより、さらなる力、さらなるビジョンが開けてまいります。

いずれ私達は、あなた自身の〝声〟となって直接お話することになりましょう。

サインなき者なり

十一月二十一日（月）

＊ご存知のように土、日と、とても忙しい時をすごしました。いろいろなことが次々と起きま

すから……。まあ、だいたいのことは自分でも察しがつくのですが、例の小平の友人の件は、ちょっと、どう考えて良いかわかりません。

はい、ほんとうにいろいろとありましたが、それぞれすべて急ピッチですすめられてまいります。あなたの持てる力はこれから先、ときにはいわばひとつの奇蹟とさえ映るようなことがらが起きてまいりますでしょう。そのことはすべてあなた自身で少しずつ解っていくのではないでしょうか。あの女性の体の中ではじけましたあのひとつの塊りについても、あなたはそれが何時の時点で起きたものであるかを知っているはずです。その時の感覚をとても大切にしていくと良いのです。

当分は、必要なことはすべて私達がなしてまいります。その結果起きていきます出来ごとを、あなたは良く見ていて下さい。ひとつひとつの出来ごと、そのために関りました人々、すべてはそれなりのわけがあります。良いですか。今日もまたなしてまいりましょう。

あいしています　　いえす

いま書いた話の部分について、少し説明したいと思います。

この時、私は小平市に住む友人を訪ねました。その友人はとても調子が悪く、数日後に胆石の手術をする、とのことでした。それで私に少し手当てをしてほしい、ということだったのです。私はもちろん治療師でもなんでもありませんからひと様の病を癒す、などということは出来ません。

でも私が素人なりに相手の方の体をマッサージ（？）したりしますと、とても気持がいい、と言って下さるものですから、その程度のことなら、とその時も友人の背中や腰、そして肩のあたりをさすってさしあげていました。ところがふと友人に、力を抜いて正座をするように、と指示してしまいました。彼女が正座をし両手を下げ、体全体の力が抜けた状態になりますと、私はその後で手のひらを上にした形で大きく両手を広げたかと思いますと、自分でもびっくりする勢い、というか速さで、彼女の二の腕のあたりを「エイッ！」、という大きな掛け声で空手チョップのように打ったというかはじいたのです。

その時彼女は、ちょっとダランとした姿で少し首をたれていましたが、まるで飛び上がるように首をシャンと立てて「治った！」と大きな声で言いました。

「え？」と私が言いますと、「征さん、私もう治ったみたい」とまた言ったのでした。

まさか、というか何言ってるのかな、とその時は思ったのですが、それから数日後に彼女からデンワがありました。

あれから間もなく手術のため入院し、事前検査を受けたところ、目的の石はすでに小さく砕けていて手術の必要はない、と言われたというのです。彼女は「あの時征さんがバシッとやったじゃない。あれで砕けたのよ、きっと……」と言ったのですが、もしかしたら本当にそうだったのかもしれない、といまは思います。でもいつでもそういうことが出来るとは限らないところが面白い、というか、私らしくていいのかな、と思います。

十一月二十二日（火）

＊久しぶりに少し時間がとれています。このノートになりましてからは、なんだか何時も落ち着かなくて、書けない日もあった位です。でも、こうして一人で静かにしていますと、書くよりは寝ていたいと今は思っています。とにかく眠い！

それではしばらくおやすみなさい。あとで目覚めたら語りましょう。いま書いて？？？

いま？？？

さっきは、今書いてもだめですよということだったのですよ。でも、あなたが休んでいます間に、私達はちゃんとエネルギー調整をしておきました。調子は良いはずです。

そうです、彼が言ってきましたように、あなた方の国語の中には〝波調〟ではなく〝波長〟なのかもしれませんが、しかし、今私達が伝えています話の内容は、たんなる波の長短ということではありません。いわば波動の調子とでも言いましょうか、そのものの持つ個性といったようなものと考えて下さると良いのです。また、固と個の使い方についても、あなたの中での文字に対する混乱によるものと考えるべきでしょう。

そうです、先程の〝波長〟と〝波調〟のことですが、それはもちろん、あきらかに〝波長〟の場合もありますが、〝波調〟の長短といったように書きあらわしていく場合もあると思います。波、つまりはバイブレーションということではありますが、長い短いだけではなく、早い遅い、重い軽い、明るい暗いなどの要素も微妙に加わってまいります。たんなる科学の世界のことだけではありません。

いまあなた方は、これらのノートを何かひとつのものにまとめようと考え始めていますことを私達は知っています。もちろん、そのことは私達自身がすすめてきたことですから、むしろ喜ばしいことであると思っています。しかしそのスタイルは、やはり出来るだけやさしくシンプルなものになりますように。そして仰々しいのはよくありませんね。またどこかの霊界通信といったようなものもいけません。抜粋といったものも良いとは思いますが、出来ましたら初めのものから順を追ってが良いと思います。私達の話はそのようにしてすすめられてきたのですから。

あなたによる文字の間違いは、もちろん正さなければなりません。特に初期のものは、さまざまな言いまわし、表現がありますが、あきらかにおかしいと思うこと、思われるものなどは直すとしまして、あとは出来るだけノートにそって整えていくのが良いと思います。また、なかには解説といったものを必要とするものもありますが、そのあたりは少し工夫してみると良いのです。いまひとつ、あきらかに個人的なテーマの話も幾つかあります。そのようなものは、当然ながら除く方がよいのです。

今話しましたことは、すべてあなた方の常識の範囲のことがらばかりですが、確認するという意味で受け止めて下さい。別にあせることはありませんし、また強制でもありません。楽しんでやってみて下さるとよいのです。

(注・つまりこれは、私のノートを本にしていく場合の進め方といいますか、アドバイスといったものでした。)

あなたはいま、少しばかり初めの頃のものを出してみるとよいのです。そこには、文字にしろ、その内容にしましても、今のものとは格段のひらきがあるはずです。ことに、このあなたの体の持っています高い波動のエネルギーは、これまでの人の肉体《からだ》としてはあまり持ち得なかったものですが、そのことはこれから先のさまざまなる出来ごとの中で明らかとなってまいります。

いまだにあなたは自分に一体何が起きようとしているか、察し得ていません。しかし、確実なる変化というものはありますので、そのことはあなた自身が一番良くわかることと思います。

今日はこの強い力を良くコントロールして、文字の乱れを抑えています。そのようにしますと、前のページのような変調はきたさずにすむでしょう。しかし、明日はまたさらに力をましてまいりますので、今日のようなわけにはいきますまい。

あなたは今まで読んでまいりました書物の中で、たとえばヒマラヤの山頂、あるいはその山ふところ深くにある聖地の話などにふれたことがありますでしょう。そこには、私達不可視の者の、この地球での基地ともいえるものが所在するといわれています。

もちろんそれらのものは、あなた方地上的な人々の目では全くとらえることは出来ないものです。ですから、本当に所在するものであるかどうかなどと詮索するような質のものではありません。つまりは非常に周波の高い世界であり、普通には見ることの出来ない存在です。

これらのシステムは、もちろんここだけのことではありません。この地上には他にも何カ所かに定められてはいますが、すべてについて同じことがいえましょう。あなた方が、いわば非常に高度なエネルギー体（霊体）といわれる姿になって初めて訪れることが出来るようになります。

今なぜ私達が、急にこれらの話を持ち出したかについては間もなく明らかとなってまいります。今あなた方は、人それぞれに、人さまざまに私達の世界を捉え、表現しています。たとえば、精霊といった言い方や、不可視の世界のマスター（教師）、あるいは宇宙人といった言い方などさまざまです。あなた自身はそのどちらの言い方でもなく、もっと身近な存在として私達を感じとっているはずです。

人々が、これまでに悟りをひらくといったことの為に行ってまいりましたさまざまな修行は、つまりはその人の持つ本来の姿の開眼であり、周波をあげるといったことでありましたでしょう。まことに人々は、実にさまざまなる修行法を編み出し、行ってまいりました。そのことで、確かにその〝悟り〟に近いものを得た者は多くありました。

この私なども、ずいぶんとさまざまなる修行を行った者の中の一人といえるのです。

私はまずはじめに、自分の知らなかった、いえ、おそらくはそれまでの人生の中で見えてはいても、視ようとはしなかったいくつかの様相というものを、ある日突然視る眼を与えられたことから始ったといえます。それは人々、いえ、この私自身を含めた人間の生きる姿の中に、それらはすべてあったのでありました。

人は生れ落ちると同時に、否応なしにその生れ落ちた生活環境にそった人生を生きることになります。たとえば私のように、たとえ小国とはいえ、ひとつの国を司る王家に生れた者と、雨露をしのぐ屋根さえあるかなきかの貧しい家に生れ落ちた者との差とは、一体何でありましたでしょうか。しかし、人がいかなる環境の中で生きることになりましょうとも、みな等しく避けることの出来ない幾つかの要素があることにある時私は気付かされました。私の住む城には、東西南北、四つの方向に開けた城門がありました。

ある日私がその城門から外に出ようとしました、まさにその時、私のこの眼《まなこ》は〝視る〟わけです。それは人々の苦しみ、老い、病、死する姿などなどです。もちろん、それらの姿を私はその時はじめて見たわけではありません。言わば、それまでの私の中にはそれらのものを視ようとするものが育っていなかったのです。いえ、時が来ていなかったといって良いのかもしれません。もちろんそれは、あなた方すべての者にとっても同じようにいうことができます。

さて、その時の私にとってそれらの様相、つまり老いや病、苦しみや死といったものの姿は、まことに大きな驚きと衝撃でありました。今ふうにいえば、ショックであったということです。

なぜならそれらのことは、人として生きる者にとっては決して避けることの出来ない無差別の現実、事実であるということを知ったからなのです。私は、それらのことをそのまま認めたくはないといった、心の中のさまざまな葛藤に苦しみました。人はそれらのものから逃げ出せる方法があるのか、人の心は、情念は、いつの日かそのような避けることの出来ない苦しみから解放される日があるのであろうかといったことが、その日から私の心を大きく占めることになってしまいました。

私にとりまして、それらはすべて仕組まれていたことであることはいうまでもありません。そのことのまことの意味を知るために、私はそれまでの優雅な王城での暮しの一切を打ち捨て、城の外に出ていく者となりました。

私は旅する者となりました。いわば旅する私の姿そのものが、修行の姿であったということができます。あれかこれかと思い悩み、またどこまでも師を求め歩き続けるその時の私の姿は、いま現在、あなた方人々の中の誰か彼かが同じく示している姿であるといえましょう。

もちろん私は師を求め、さまざまな〝行〟というものもどれ程多く行いましたことか。中にはまことに人間離れした荒行といったものもありました。自が肉体《からだ》を極限状態にまで痛めつけることで、ある悟りの境地に辿り着こうとした者の数はまことに多くあります。もちろん今でもそのことは続いています。そのことは、言わばひとつのエクスタシーの世界でもあり、人々はそのような一時的な恍惚の世界に極楽浄土をかいま見たり、あるいはそれが悟りの境地であるかのように錯覚したりもしました。

そのような荒行の世界では、当然のことながらさまざまなる秘薬が用いられてもまいります。いわば没薬のようなものであると考えて下さるとよいのです。しかし、それらのもので得ることのできますものは、まことに一時的なものでしかないことを、私はすぐに気付くことができました。

当時は今とちがい、それら修行僧の数は実に多くあり、いわば仙人の境地にまで辿り着いた者もいなくはなかったのです。私はまたそのような者を師と求め、訪ね歩きもいたしました。しかし、本当に私の求めていましたものは、その仙人と言われた者の中にもなかったのです。人里遠く離れ、人々の暮しの片鱗さえない特異な世界の中では、私の知りたいものは与えられはしませんでした。私の知りたい答えは、そのような仙人の世界には無いものでした。私は人々の〝日々の暮しの中にある苦しみ〟から、どのようにして解脱し得るかを知りたかったのでした。

あなた方の伝説によりますと、私のその解脱の様はいくつかの姿で伝えられているようです。あの聖なる菩提樹の下《もと》で、いわゆる悪霊にさまざまに試みられたあげく悟りを得るといった話とか、さんざんの苦行の果てに、ある乙女に一椀《ひとわん》のミルクを与えられた話、そこはかと聞えてくるひとつのメロディの中、その弦の張り具合の様からなどさまざまです。

そうです、私はそのように人々の日常的な生活《くらし》の中から遊離した〝行〟といったものからは、少しの答えも見出し得ないということを知りました。一椀のミルクの安らぎのように、また、強くもなく弱くもないバランスよくその張られた糸のように、一見何でもない仕草の中で安らぐ心を持ちますことで、いかようにも平安は得られていくことを知ったといえます。

私は彼いえすとほとんど同じような年頃のうちに、私なりの境地を会得しましたが、それ以後の人生は、私と彼でははっきりと異るものとなりました。彼はその短い生涯の中のすべてが、その生れ出《いで》ましたその時のことから死せる時の姿そのものまでが、いわゆるバイブルでありました。バイブルとは彼の生きた姿そのものでありましたが、私はおだやかに生きたその生のうちに、さまざまなる教えを紐解いてまいりました。いわば私は、言葉として残した者でありました。

今日はこれにて終りましょう。いずれまた近いうちに。

仏陀

十一月二十三日（水）

＊おはようございます。昨夜ははじめ、一体誰方と話しているのだろうといった気分でいたの

ですが、ぶっださん？　いったい何て呼んだらいいのか戸惑います。私はあまり呼びなれていないものですから。〝お釈迦さま〟の方が、どちらかといえば言いやすい気がしますが、それにしても、やはり変な気分でなりません。こういう世界はまったくおかしな世界だと思います。自分の現実の中に、このような有名人の名前というか、固有名詞を持ちこむことが、なんとも複雑な思いがしてなりません。

ま、ともかく、初めての長い記述でしたから、いったいどんなことを書いたっけ……、とさっき読み返してみたのです。やっぱりお釈迦さまはお釈迦さまらしいとも思いました。でもやはり、私の良く知っている話をそれらしくまとめて書いたといった気もしないではありません。そこらが、なんともいえない複雑な気分ですね。

はい、おはようございます。昨夜は話の途中よりそのようなことに展開してしまうことになりました。もちろん、全く予定外のことだったわけではありません。いずれどこかで私がきちんとお話する機会を得ようとは思っていましたから、昨夜はそのようなことの、ひとつのきっかけとなりました。

つまり私は、今人々がずいぶんと、私達の国に於てひとつの悟りのための行としてなされてきました、いわゆるヨーガといいます形態をまねる者が多くあることについて、話をしていきたかったのです。

今あなた方のお国では、これらのものが、いわば一種の健康保持のための体操に代るものであったり、ご婦人方にとりましては美容体操の域でしか捉えられていなかったりなど、さまざまです。もともとこれらのものは、静かに瞑想をこらし、宇宙意識との一体感を得たときはじめて、ひとつの形、体の動きとして自然に生れいでたものでありました。それはその人の体、その心、精神のおもむきますままに、まことに自由自在になされていく静かな体の動き、呼吸《いき》づかいといったものでありました。

人の体にはまたさまざまなる秘点、いわゆるチャクラといわれる位置があります。それらの場所は、人々が本来持ち合せておりますさまざまな能力《ちから》の働きのポイントであるといえるのです。ですから、いわゆるヨーガといいますものを極めようと致します者は、それらの動き以前に、いわゆる呼吸法というものを非常に大切に致します。その呼吸法ひとつですべてのチャクラを開くといった、いわば秘儀ともいえることが成し得ることによるものです。

いま私達は、それらのことはすべてあなたの体に自在に現していけますように、と働きかけています。そのことは、すでにあなたは自分自身の体の動き、呼吸のあり方の中で感じとっているのではないでしょうか。

あなたはこれまで、人としてこれらのものを学ぶことは一切ありませんでした。あなた自身では、あの瞑想といったものでさえ、一体何であるのかを知らないのです。しかし世間的には、いまほどこれらのものが一般化され、もてはやされている時代はありません。人々は何ごとであれ、非常に簡略化し、生活の中にとり入れていくことに長けているといえましょう。それはまたひとつのビジネスとしてさえ成りたっているのです。人々は、本来それらが持っていました深い意味を知ることなく、ことごとく形を真似、その形だけで満足している者が多いといえましょう。また、その形にはさらに多くの理論というものが重なってまいります。形と理論の上にたって、人は何を得ようとしているのでしょうか。それが現代の世相をよく現しているのではないでしょうか。

しかしなかには、そのようなことの中で心から真剣に自分を高めようとしている者もありましょう。そして、あるところまでは会得していけるものでもありましょうが、今となりましてはもはや、そのようなことはどうでも良いことであるといわざるを得ません。

つまりは昨夜も話しましたように、悟りとはそのようにして求めていくものではないということです。ふと差し出された一椀のミルクの中に体にしみわたる喜びを感じとり、あるかなきかの風のそよぎの中にもこの大いなる自然の営みを感じとることの出来ます優しく素直な心根の中にこそ、すでに悟りの境地というものは所在いたします。

いま人々は、すべてを形として学び、理論として識ることに、あまりに多くの比重を置きすぎてはいないでしょうか。

まあそのような意味では、むしろあの聖なるヨーガというものが、ひとつの健康法や美容体操として現代に活かされていますのは、最良のことであるというべきかもしれません。おそらく、いまそれらを学ぶ者のほとんどが、かつてはそのヨーガを悟りへの道として修めたことがあるのでしょう。輪廻はめぐる、とはまさしくこのことでありましょうか。

まああまり堅くるしく形や理論にとらわれないで、もっと気軽に、あなた方の日常生活の中で悟りの心を得て下さいますように、と申し上げることに致しましょう。

さて、私の呼び名についてのことですが、仏陀とは、やはり彼イエスの〝キリスト〟という言い方と同じで、いわば位名であり、ひらたく言えば役職名であるといえます。私の俗名シッダールタでは、やはりあまりになじみがなさすぎますでしょう。どうでしょう、私はやはり、サインはVではありませんが、サインは〝仏陀〟でまいりたいと思います。あなたの方は好きなように呼んで下さってよいのですよ。

ノートをこのように半ばで終らせるのはあまり例がないようですが、私の話はこれでひとまずは終るといたします。残りは彼がひきとりますでしょう。

仏陀

はい、おはようございます。昨夜、今日と彼の話が続きましたが、いかがでしたか。

やはりあなた方日本人にとっては、彼の感覚、教えは、とても深い所でなじみのあるもののはずですが、しかし今となりましては、このように多くの時代、多くの場所での転生が行われてきましたので、人々はあまりその魂の上で特殊な民族性を現しにくくなってきています。つまりは非常に国際化されてきているものは、何もこの地球上での交通網や通信網の発達、発展だけではありません。ある時は私の魂と共に生き、ある時は彼の魂と共に生きた人々がどれほど多く存在致しますことか。

ただ、傾向というものは確かにあります。しかし、もうあなた方は、この地球上での国際人ではなく、宇宙に向けての地球人としての視野で見ていく時に至っているのです。いま、この〝地球〟という星は宇宙の中の一地域にすぎません。

それでは、またのちほどのことに致しましょう。

いえす

いかがでしたか、今あなたが読んだ、かのモーゼに関する出エジプトといわれる数々の記述は……。

そのころのことはすべて、今になぞらえることも出来るのです。それよりもなお多くのことが、今はなされようとしています。そのことのために、今私達は、どれほど多くの者に働きかけをしていますことか。先程も伝えてありますように、とにかくあなた方には、今まで以上に広い視野と立場に立ってものごとを見ていただきたいと思います。

かの時でさえも、あなた方に関りました人々の数は数十万にものぼっていたのですから、ましてこれからのことは、さらなる数となってまいりましょう。

そしてこれまでも度々述べてまいりましたが、これからのあなた方は自分達一人一人の力でこの新しい時、新しい時代に向って歩いて行く者とならなければなりません。

今私達がこのようにして、これら数々のノートの上に記してまいりましたことがらは、これからの新しい時代に向います為の手引きの書となってまいりますでしょう。

かつてのイザヤという名は、人々の心の中に、〝失われた神の名を呼び戻す者〟という意味でありました。今こそはまたそのようにして、すでに失われてしまいつつある私達不可視なる者の世界、いわば神の領域の世界を人々の心の中に呼びさますべき時でありましょう。それを神という名で呼ぶかどうかは、あなた方一人一人の心の問題であるといえるのです。

おそらくは、かつての時のようにはまいりますまい。今人々は、まさに自由気ままに、さまざまなる発想を致します。その発想の中で、さまざまなる世界が生れてまいります。おそらくは神の名の片鱗さえもない世界観も生じてまいりますでしょう。もちろんそれでもよろしいのです。むしろ人々が、ただこの世的な世界観だけに捕われていないことの方が大切であるといえましょう。

さあ、あなた方の暮しではもはや日付がかわりました。そのようにして下さい。

いえす

十一月二十四日（木）

＊今日は雨になりました。あまりに良い気持だったので、つい寝坊してしまいました。おかしな夢を見ていました。どこかに旅行に行っていたのですが、その旅先で、例の黒いズダ袋（いつも持ち歩いている私のバッグのことです）を忘れてしまい、あわてて捜していたのです。どこを捜してもないので交番に出向きますと、私が何も言わないのに、「はい、これが届いていますす」と出してくれたのが、その時カバンに入れて置いたこの二冊のノートと他に何か手帖のようなものだけで、あとはお財布も何もなかったのです。でもこのノートさえあれば、と喜んでいるところで起されました。

はい、それはようございました。もはやあなたにとりましては、他のものは何も要らないということではありませんか？　どうぞそのように考えて下さるとよいと思います。

もちろん、人が生きていきますためにはそれなりのものが必要なことは良くわかります。しかし、今まで生きてみて、どうでしょう。そんなに無くても不自由はしなかったとは思いませんか。有れば有るように、無ければ無いように人は暮していけるものです。これからはますますその傾向は強くなってまいりますでしょう。

さて、今日は何を語らうと致しましょうか。すべては世の移ろいと共に変化していきますのが、あなた方の生きている世界であり、世界観でありましょう。

春まだき、まだあのように若くみずみずしい若葉でありましたものが、今はもうこのように紅く茶色に変色し、とても同じその樹木とは思えないような姿を見せております。すべての生きる要を済せたあの一ひら一ひらの木の葉も、ほんのささやかな風のそよぎの中に、はらはらと散りしいてまいります。これもまたあきらかな世の移ろいの姿です。

すべてはこのように変化しながら、また新しい生を受けてまいります。くり返しの仕組は、このようなところにもまたはっきりと表れているといえるのです。あなた方はこれらの姿をあまりにも日常的に見ているものですから、そのことの中にある素晴らしい真理といいますものに、なかなか気付かないでいるようです。

すべてのことは、同じ仕組、パターンとなって、大はこの宇宙すべての営みから、小はさまざまなる微生物の世界にまで、うまく組みこまれているのです。ただその現れ方、表現方法が、それぞれに個性を発揮し、異っているということであります。その個性があるといいますことが、これらあなた方の住む世界をどれほど豊かでバラエティに富むものにしていますことか。そのことを良く考えてみて下さるといいのです。

多くの者のひとつひとつの違いは、すべて個性の違いであり、決して優劣を競うようなものではありません。そのようなことひとつを知り、認識いたしますだけでも、あなた方の世界はとても大きく変化してまいります。

＊ほんとに珍しく、今日はボケッとしています。今朝、朝寝坊したせいかもしれません。することは沢山ありますのに、仕方のないことです。

はい、ずいぶん書きためてまいりましたので、少しそれらを読み返し、整理してみるのも良いかもしれません。いろんな過し方があるのではないでしょうか。

十一月二十五日（金）

＊もうお昼になってしまいました。風はありますが、暖かくて良い日です。いま名古屋の橘さんにはシャーリーの本を揃えてノートのコピーの一部を送りました。工藤さんのお話ですと、昨日訪ねていらしたお客さま二人、例のるしえるの詩をとても喜んで受け止めて下さったとのことでした。

どうですか、この間のそうした人々の反応は……。決して悪いものではありませんでしょう。人々の心はそのように次々と開かれ、ほんとにわずかなことの中にも喜びを見つけることが出来てまいります。

いまあなた方にかかわっています人々は、まだまだほんのわずかな数にすぎません。もちろんあなた方だけでは、人として限界といいますものがあります。ですから、そのようにして出逢い、喜びを分かち合った者同士がまた他に伝えあうことによって、またさらなる広がりを持つことも出来ますでしょう。しかしそれとても、まだまだ限界はあります。この地上にはそのようなこと位ではカバーしきれないほど多くの人々が存在しているからなのです。

そうです、書物などはとても良い方法でしょう。またさまざまなマスコミ、いわゆる報道機関もあります。しかし、それでもなおカバーしきれない人々はさらに多くあります。ですからこそ私達は、いえ神の意識の世界では、実に多くの善き目覚めを持つ魂の群れをこの地上に置くことにしているのです。

その数は実に多くあります。さまざまなる国々、地域地域、立場立場にあって一人のもれもなく、それぞれに気付きのチャンスに恵まれますように、との配慮によるものです。それは人の問題だけではありません。もちろん、この世に起きますありとあらゆる出来ごとは、人と人の関りなくして起き得るものではありませんが、それらの起き得るさまざまなる出来ごとの中にこそ、その気付きのためのチャンスは潜められています。

あなたの心はともすれば、まだまだこの世に多く存在するさまざまに貧しい人達、病める者、苦しみに打ちひしがれる人々、戦いの日々に明け暮れる多くの国々、兵士やその家族、犠牲になっていく人々、そう、数えあげればきりもない数の人々のことが、とても気になりますでしょう。自分達だけがこのように明るく幸せで、楽しく笑っていて良いのかと、心の奥にそれらの思いが去来しているのを私達も感じとっています。

そうです、その人達のことはほっておいてもいいのですなどとは申しませんが、でもやはり、あなた方が出来る事には限界があります。いえ、それ以上の介入とでも申しましょうか。冷たいようですが、すべては彼らにとってもまた必要なことであり、必要でないものなど何ひとつありません。まずあなた方は、自分自身の荷物を背負わなければならないとは思わないでしょうか。

しかし良いですか、その人達のことを決して忘れてはいけません。あなた方はその明るくやさしいその笑顔の下に、その人達のことをもまた視野に入れておいてほしいのです。

そうです、そのように致しますと、きっとまたそのような人達の許へも、今のあなた方のやさしい想いが届いてまいりますでしょう。そして、無理をしないで出来ることがありましたら、いかようにでも動いていくのが良いのです。そのことは必要のある時に、必要な形であなた方の前に置かれてまいりますでしょう。

いまは良いのです。いまはこのようにして、一人でも多くの方々が心の平安と喜びを感じとって下さればそれで良いのです。いずれすべての人々がその喜びに涙を流します時、その時こそは、この地球も宇宙の存在も、ひとつひとつ浄められてまいりましょう。

あいしています　いえす

＊この前、といいますか、この夏、あの八ケ岳の会場で出逢った少女ともいえる女性から、このところ度々手紙をもらっています。とてもいいことが書いてはあるのですが、たとえば木や草の精とお話出来るようになったとか……。そうかと思いますと、悪魔の存在を強く主張して

みたり、自分の部屋とか行く先々で起きるあまり気持の良くない現象のことを沢山書いてよこしたりします。ですから、読んでいて少しも気持が落ち着かないといいますか、安らがないというのが正直なところです。これからは度々このような手紙も受けとるようになるに違いないと感じているところです。

はい、そうです。彼女はやはりまだ若い。やはりさまざまなる人としての経験のないところで、ある種の霊的な世界をかいま見ることになってしまいました。

あなたのお子達も、やはりもっともっと幼い時に、いえ、彼女達はかいま見るなんてものではありませんでした。すっかり私達の世界に所属しながら、ほとんど私達の目となり口となって、あなたに対してさまざまなことを伝える器そのものとなっていました。

しかし、今便りを寄せています彼女は、それらの世界をかいま見ながら、その世界から外の世界を批判し判断しようとしているのです。彼女の見ている世界、また接触しています世界、その世界を通してつながっています人間的な世界の方に、いささかあなたとは異った人達が沢山居るということでありましょう。それだけのことです。

今、多くの幼子や若者達が、そのようにさまざまなる霊視の世界を体験しています。そしてそれらのことをどう扱って良いかわからないままに、次々とおどろの世界に迷いこんでしまいがちです。そういうことにならないためにも手引きの書が必要な時でありましょう。よいですね。

あいしています　いえす

十一月二十六日（土）

＊おはようございます。一昨日あたりから木枯しが吹き始めたようです。みなさん寒い寒いというのですが、今年はあまり寒いとは感じません。衣類も一枚少くしている位です。多分、自分の中にあるこのエネルギーのせいかな、と思ったりしています。

もちろんそうです。どうですか、足元の方も今年はうんとあたたかいのではないですか？いつものあなたですと、今頃はすでにくつ下を二枚重ねているはずです。今は体の中で非常に高度な力が燃焼していますから、自分自身が、いわば暖房器のような役割りをしていると思えばいいのです。このように、生身の肉体にもそのようなことが作用してまいりますので、面白いと思いますよ。

人はみな自分の体内にあるさまざまなる器官をうまく活用してまいりますと、おそらくは冷え性などというものはなくなってまいりますでしょう。ただ、私達の力関係の上で陰と陽なるふたつの世界がありますように、人の体の上にもその傾向は現れてまいります。

ですから、よく皆さまがひとつの健康法として食べ物のことを云々致しますが、ひとつひとつの食べ物の持つそのような性向をもよく知る必要があります。まるでひとつの宗教性さながらに、玄米菜食といった食事の方法もありますが、それとても、やはり人の体の傾向に合せて食物の持っていますす傾向をよく考えていかなければ、時にはかえって害となってしまうこともあるということです。

また、食に対するそのような極端なこだわりは、ただたんに食物の世界だけにとどまらず、いろいろと他にも不自然な影響は出てまいりましょう。まず、まわりの人々との関りの上でもいろいろと不都合は生じてまいります。

それらのことはあなた自身よく知っていることですから、改めてここに言うまでもないのですが、そのあたりのことは、少し本気で考えていく必要はあるかもしれませんね。何ごとであれ、極端なこだわりといいます姿は、いわば肉体的にも精神的にも、大きな塊り、つまりはブロックをつくってしまいます。

あなたの体温の変化のことから話は発展してまいりました。

そうです、ひとつのことは、すべてのことにそのまま通じていくのがこの世界というものです。体温の高い人は、むしろ体を冷やすような食事が必要となりましょうし、体温の低い人はその逆のものとなりましょう。それだけではなく、さまざまなる季節的な変化といいますものも加わってまいります。

作物の方も、その季節や地域をきちんと選びとり作付けしてまいりますと、あまりやかましいことはいわなくても、その季節の体に合ったものが出来あがってまいります。それらのものをあまり片寄ることのないように、少しずつ、多くの種類をバランスよく組み合せて食べていくと良いのではないでしょうか。

しかし、人には個体差というものがありますから、すべてをひとつのパターンにはめてしまうのは危険なことになってしまいかねませんね。

それでは、今はひとまずこれで。

十一月二十七日（日）

＊今日は私達かかしの会の収穫祭でした。おだやかによく晴れて、最高です。今年の紅葉はあまりきれいではないといわれていましたけれど、なかなかどうして、とても美しい秋の景色でした。集った人数は例年よりだいぶ減りまして、百人たらずでしたけれど、農家の庭先をお借

りしてのことでしたから、丁度良かったのかな、と思うのです。

まことにおだやかで良い一日でありました。皆さまの気持の中がとてもやさしくほぐれていくさまが良くわかります。たまにはこのような集いを持つのはとても良いことです。人と人とが一度でも多く関りますことで、よくお互いを知ることが出来ます。

今日の出来ごとがどんなにか楽しく強く心に残ることになりましたかは、あなたの予想以上のものがありましたでしょう。ことに若い母親達は、その幼子の明るくはしゃぐ姿に重なる喜びを感じとっていったのにちがいありません。それに、食べるものが美味しいといいますことは、どんなに素晴らしいことでありましょうか。今日の良き一日のことを決して忘れることのありませんように、と皆さまに申し上げましょう。このようにしてまた楽しい一日が終りましたこと、ほんとうにようございました。

いえす

十一月二十九日（火）

＊おはようございます。今日は雨になってしまいました。木々の色が一段と深みを増して、美

しく見えます。明日からまた、白保から人が上京してきます。少し忙しい日々になってしまうかもしれません。

はい、おはようございます。白保のことは、それなりに落ちついてまいりますでしょう。すべては成るようになってまいります。この海のことでは、多くのことを皆さまは学んでまいりました。あなたの役割りもそろそろ終るときがきたのです。よく成してまいりました。

ひところのあなたの心は、他の者とのかかわりの中で揺れる日々もありましたが、このところ良きバランスが保たれています。あの海とその運動にまつわることがらへの執着といいますものが、よくとり払われてまいりました。今となりましては、他になすべきことがこのようにはっきりとしてきたのですから、それで良いのです。

いましばらくは、出来るだけ身辺の始末をよくしていくことです。徐々に、ゆずれる部分は他の人達の手に委ねていくのが良いのです。そのことがまた、それぞれに大切な生きることの証となってまいりますでしょう。あなたのなすべきことは他にも多くあります。そのことの支度をしてまいりたいと思います。

さて、それでは今日は少し話題を変えて話してまいりたいと思います。

これまでの社会ではあまり公にとりざたされて来なかった分野の、つまりこれら精神世界ともいわれます世界のことがらを、近ごろはマスコミ関係などでもさまざまにとりあげるようになってまいりました。ですからこれから先、これらのことに関心を寄せる人々の数はさらに大きく増えてまいります。それは一足とびといっても良いような現象として現れてくると思って下さってもよいのです。今までこれらのことにほとんど関心を持つことのなかったような立場の人々の中にもそのことはよく現れてまいりますでしょう。ですから私達は、それらの人達の心をしっかりと受け止めていけるだけのものをつくっていかなくてはなりません。今はあのシャーリーの書物、あるいは他にもいろいろとありますさまざまな書物といったものがその役割りを担っていますが、おそらくは、それだけではすまなくなってまいります。人々はもっと自分達の身近な所での何かを得たいと思うことでしょう。それらのものに役立てることの出来る何かを、これからはしっかりと作っていかなければなりません。

人々はこの長い歴史の中で、終末の時に現れると予言されてきました救い主の再来を待っているのです。それは、そのようなことに意識の上での関心が有る無しにかかわらず、多くの人々は待っているのです。何故ならば、あなた方人々の魂は、今というこの時が一体何であるか、どういう時代であるのかを良く知っているからなのです。

そうです、そのような人々のほとんどは、やはり肉体的人格を持った者としての救い主を待っているのかもしれません。しかし、まことの救い主とはそのような者ではないといいますことを、私達はこのノートの上で度々伝えてまいりました。

あなた方が待っています救い主は、すでにあなた方自身の中に存在しているのです。

どうぞあなた方自身の心の中をよくのぞいてごらんなさい。何かがほかほかとしてはいませんか？　何かが何かを求め始めてはいませんでしょうか。

そうです、それがそうなのですよ。あなた方が何かを求め始めているもの、それが救い主というものなのです。そのようにしてあなた方は、あなた方自身を救いあげていこうとしているのです。それ以外にどのような方法があるでしょうか？　自分で自分を救いあげていく、そのこと以外に何の方法もありません。すべてはその為の手段にしかすぎません。私達はあなた方自身が、自分で自分を救い上げていくためのお手伝いをしているにすぎないのです。今までは、私達はまるで保護者のような顔をしていろいろ言ってきましたが、もうこれから先は、あなた方自身がすべて自分で判断していくことになるのです。

自分にとってほんとうに大切なものが何であるかを選びとっていくことは、すべてあなた方一人一人の責任でなさるべき時に至りました。

今まで私達は、そのあなた方の歩むべき道筋を、さまざまに灯りを掲げ、足もとを照し、決して迷わないで下さいと導いてまいりましたが、これから先はその灯りをあなた方自身で掲げ、歩いていく時になったのです。

明るく大きい灯りもありましょうし、まだ小さくかよわい灯りもあるかもしれません。しかし、その一人一人が自分の個性のままにともした灯りを持ち、無数の光の流れとなって、ひとつの方向を目指して歩いていくのです。

そうです、何も物理的な灯りでなくても良いのです。あなた方一人一人が自分を灯りにして光り輝けば良いのです。その火種《ひだね》が、いわゆるあなた方のいう、救い主というものです。

ああ、その無数の光の川の流れはどんなに素晴らしく美しい光景でありますことか。光の帯となり、辿《い》きつく先でそれは、この大蒼《おおぞら》をあまねく照り輝かすことの出来る大きな大きな太陽となっていくことでしょう。その時こそは、もはやあなた方のいいます闇の世界、闇の空間などというものは無くなってしまいます。

そうです、あなた方は誰一人、灯りをともすことの出来ない者はおりません。あなた方がそのことに気付きさえすれば良いだけのことです。それこそが、スイッチ〝ON〟ということです。

もはやこの世には、いえ、この地上的な世界には、肉体を持った救世主が現れることはありません。ここで少し、いえ、大いに言い方を変えてみましょう。今肉体を持っていますあなた方一人一人こそが、すべてあまさず、この地上に於ての肉体を持った救い主であるということです。

いまこそ、〝その時〟がやってきたのです。それは、とても長い時の流れの中で、人々に大いに待ち望まれてきたものでした。

そうです、これまではあなた方の前に、救い主は〝何時現れるかわからない〟と言われ続けていたではありませんか。そうなのです。〝その現れる時〟、を決めるのはあなた方自身でありました。あなた方の心の奥深くに在ります神の意識そのものが現れる、その時こそが〝その時〟でありました。その時こそは、〝今〟そのものであることを、どうぞあなた方は知って下さい。

そうです、あなた方人々よ、もはや何も迷うことはありません。迷うべき暗闇は、あなた方一人一人のその光の前にあとかたもなく消え去ってしまったのです。あなた方は、その今あるがままの姿で光り輝くことの出来る存在だったのです。その他に在るべき姿はありません。

今までは、他の光によって導かれる存在でありました者が、これからは自分の光に包まれる者となりました。この大蒼《おおぞら》に浮ぶ星々でさえ、他の星の光によって光っていたものが、いつのまにか自らの光であたりを照す星になるものは少いのです。あなた方はそれらを越えた存在でありました。何故なら、もともとあなた方は、その光源より分かたれた光そのものであったからなのです。もとの姿に戻ったにすぎません。

ありがとう、人々よ。ありがとう、この大蒼《おおぞら》、天の仕組よ。ありがとう、ありがとう、あなた方人々のまごころよ。ありがとう、長き時の流れよ。ありがとう、この長き時の流れなくば、人はみなこの光の源に辿りつかざりしものを……。

そうです、このようにして、私達天の仕組の中では、あなた方はすべて、すでに救われてある者です。一人あますことなき光となりて……。

ああ、なんという安らぎ、なんという幸せ、なんという歓び、なんという偉大さよ。

征

＊なんだか、今ちょっと、とんでもない事を書いてしまったような気がしてならないのですが。

そんなことはありません。ただ少し、あなた方地上にある者と私達との空間と時間的な差によるものです。あなた方はこの時間といいますものを非常に長くゆっくりと捉えていますが、私達の側にはそれがないことによります。すべてはすでに成就されていることばかりなのです。あなたがそれを今しがた、私達サイドに立って語っただけのことです。

次元とは何ですか。次元とは、すべて同時に存在するものです。しかし、すでに何回も述べていますように、その次元の周波に合わないものはキャッチし得ません。あなたは今しがた、肉体的には地上に在りながら、その魂の波動の上で私達の側の者で在ったということです。

今までは、いわば幽体離脱という形をとることで肉体を地上に置き、その意識体のみがその肉体を離れてこの大きな宇宙の拡がりの中に浮上していくといった現象がなされてまいりました。また宇宙そのものの拡がりと同化してしまうといったことも、よく人々の体験することでありましょう。そのようにして、宇宙はすべて自分自身であるといったことを体験したり、かいま見たりする瞬間があるのです。ですから、この世に在るすべての物は〝私自身です〟といった言い方を、あなた自身も他の方から何回も聞いているはずですね。

あなたはそのような体験は何もしてはいません。しかし、今私達があなたの中で行おうとしていますことは、そういうことではないのです。おそらくは今までの人としての記録の中には記されていないようなことがらをなそうとしています。それはあまりにも平凡で、あまりにもごくあたりまえになされることですから、あなたにも、他の人々にも、しかとはその意味が捉えきれないかもしれません。

私達がまるであなた自身となってその肉体を動かして行うことと同じことを、その精神の上でもなしていこうとしているのです。

今日はこのくらいと致します。またゆっくりと話しましょう。

いえす

十二月二日（金）

＊おはようございます。まる一日このノートに向いませんでした。もちろんほんとにわずかな一日のことでしたのに、ずいぶん長く離れていた感じがしてなりません。

久しぶりに白保の人達と一緒に役所に出向きました。これでもう何度目のこととなりますか。数えきれないほどそれぞれの役所も、議員会館も訪れてきました。自分のこともそうですが、こうして遠い南の島からはるばる上京して来ます人達の人生について考えずにはいられません。

それにしても、こういうことはほんとうに疲れます。精神的に良くありません。

はい、お疲れさまでした。でもそれぞれにひとつの成果はあったのでは、と私達はみています。このようにして、徒労とも思えるようなことを何回も何回もしつこく繰り返しながら、道はつくられ、開かれてまいります。その中から学ぶべきことが浮びあがってもまいりますし、蓄積されてもまいります。あなたもそうですが、あの白保の人達もほんとうに大変なことではありますけれど、でも結局は、これらのことがこの人生に於てなすべきこと、目的であったのですからそれで良いのです。他に人生はありません。

この大空の広い拡がりをごらんなさい。この果てしない時の流れのことを考えてもごらんなさい。今あなた方がなしていますことがら、移動の範囲、使っている時間などはほんの些細なものにすぎません。本来あなた方のなすべき行為はこのようなものではないのです。

かの者、あのあなたの愛すべき迎里氏《むかえざと》にありましては、このこと、この人生の故にどれほどの魂の高揚を得ましたことでしょうか。彼の心の中には決して人に対する恨みといったようなものがありません。すべてのことに対して、それをプラスの要因に変えていくことの出来る、素晴らしい魂の資質を持っているのです。かの者の存在が、この白保の海の持つ資質をよく現しているということが出来ます。彼はまことに理屈のない世界を、その言葉にも行動にもよく現しているといえるのです。

あなた方はすべて、よく出逢うべくして出逢った者達であるといえましょう。あなた方はまことに良き魂のグループを現しています。そしてそれに連なる者の数は多くあります。それらの一人一人が、今、あの白保の海のことをひとつの目印にして集ってきているといえるのです。もちろん、時間的に差の生じる者のあることは致し方ありませんが、見えないひとつの糸によってたぐり寄せられているといえましょう。そのことがまた、次なる目的のためのステップともなりましょう。

石垣島・白保集落のこと

一冊めの本の時からずっと、石垣島白保集落の名や、そこに展開してきました新石垣空港建設計画の問題、それに携わってきた人達の名前などが度々出てまいります。私にとってそれらのものは、このノートを取るようになるずっと前からの、とても大きな関りのある大切な問題であり出来ごとでした。ですからこれらの問題について、少しきちんとそのいきさつを書きたいと思います。

私がこの白保集落にまき起ってしまった〝新石垣空港建設問題〟を知ったのは、いまから九年程前の秋のことでした。

それ以前の私は、いろんな仲間達と、例えば食べもののこと、それに関する農業のこと、学校給食や子供達の遊び、平和問題、そして一時期は、まだあまり誰も気にしなかった原発のことやネイティブアメリカンの話、南太平洋の島々に住む人達と自分達の核に関する関りのこと、そして〝たべもの村〟という食堂をつくったり、子供達を集めては日本の国内外で作られた戦争や平和に関するさまざまな映画の上映会をしてみたり、ほんとにいったい何が本職なのかわからないようなことを次々やっていました。それこそ、そうしたことを何もやらないという日はないのが私の日常生活であったといえます。

そうしたある日、私達のところに例の石垣島の空港建設の話が持ちこまれてきました。それを持ってきたのはある一人の女性でしたが、美しいサンゴ礁のスライドを私達に観せながら、〝このサンゴ達がコンクリートの下敷になってしまうんです〟と私達に訴えました。ですからなんとかこの空港建設を止めなければならないので力と智恵を貸して下さい、というわけでした。

もちろんその時の私達に空港建設をストップさせるだけの素晴らしい知恵や力があったわけではありません。そのような活動の経験などはさらにありませんでした。でも、一途にいろんなことをやっていくそのエネルギーといいますか、熱気のような想いがあったことだけは確かでした。

あの時のいきさつをいまここに詳しく書くだけの余裕はありませんが、とにかく私達はまずその現場に行ってみようということになりました。

先程から私は〝私達〟といった言葉を使っていますが、それは畑に行ったり遊びのことや、原発のこと、そしていまもしっかり続けている食堂〝たべもの村〟をつくったりと、その頃いつも一緒にやっている、白石さんという友人のことなのですが、でもそれからまもなくこの白保のことに関しては、私一人がぐんぐん動いていくことになってしまいました。

さて、私達はその年の暮からお正月にかけての約一週間、問題の〝石垣島白保の海〟、白保集落に出かけていきました。もちろん私達を誘い、航空券から宿の手配、この問題に関し誰と逢うべきかなどの一切をプログラムしてくれましたのは、例のスライド持参の前川みちよさんという女性でした。私達はまるで大名旅行のように、いったい自分達が沖縄に着いたあと、どこに行くのか誰に逢うのか、誰か迎えに来てくれるのかなど全く解らないままに、とにかく指定された時間に那覇行きの飛行機に乗りました。

いまになって思いますと、この旅から先のすべてのことは、まるで夢の中の出来ごとのように思えてなりません。まるで浦島太郎の昔話のように、目が覚めて東京に帰ってみたら、私達はすっかり白保のサンゴの海の虜になっていて、夜《よ》も日もなくこの海のために走りまわる、といった生活が始ってしまったのでした。

那覇で私達は、かつての第二次大戦時の沖縄戦の絵を描くため、当時那覇に滞在していらした丸木俊・位里さんの宿泊先に落ち着きました。そこにはすぐに、この空港建設問題のために動き始めたさまざまな人達が集ってきました。琉球大学には白保出身の教授といわれる人達がずいぶん沢山いて、主にその人達が中心になっていたのです。その時集ったメンバーの中には、熊本県の水俣に住み、例の水俣病患者さん達のために「天の魚《イヨ》」という一人芝居をやっていた砂田明さんもいらしたのです。

そこで私達は、まるでどこかの花畑かと見紛うほどに美しい白保のサンゴ礁の写真を見せてもらいました。その美しさは、実際に見た者でなければ解らないようなものかもしれません。

大きく引き伸ばされたその写真に重ねるように、ひとつの言葉がありました。

〝海の痛みは島の痛み、そして人の痛み〟そう記されてあったのです。

私達の日本という国を世界地図の上で眺めてみますと、四面海に囲まれたほんとに小さな島国にすぎません。昔からその〝海〟の恵み、恩恵をどれほど沢山受けてきたか解りませんのに、私達にとってそれはあまりに当りまえすぎて、大切にするどころか、ありとあらゆる生活や企業のゴミ処理場としてしまいました。そしてその海が日毎夜毎に死に絶えつつあることに少しも気付かずにいるのです。

もちろんこのことは、それまでの私自身に対していえることでしたから、この一枚の写真とその上に書かれたこの言葉は、私の心の中に大きなショックと深い想いとなって入りこみました。

私達一行は、大晦日三十一日の午後、白保集落に着きました。空港には白保集落にひとつだけある民宿の小父さんが、今朝まで飲んでいたという酒の匂いをプンプンさせながら、ガソリンメーターの針も動かないガタピシ車に乗って迎えにきてくれました。昨夜は集落にとっての大きな祝いごとがあったそうです。なんでも新しい公民館長さんが決ったとかで、みんな大喜びで飲み明かしたそうでした。

ここで説明しなければならないことは、この「公民館長」という役職についてなのです。私達サイドといいますか、沖縄以外の他の地域でいいますと、公民館は行政がわの市民に開放された社会教育的な施設、とか建て物の意味があります。でも沖縄地方でいう公民館は、そのような施設ではなく集落の自治組織であり、〝長〟は村長さんとか町長さんといった役割り、肩書きと同じなのです。ですから、ひとつの集落、ひとつの地域にとっての最高責任者ということになります。ましてこの時の白保では、集落ぐるみで空港建設反対、阻止行動を起していましたからその責任といいますか、やるべき仕事の質は、ただ集落を治めるといったことでは済されませんでした。他集落との関り、市政や県政、ひいては国政の場にまでその口と足を運ばなければならないといった重責を担うことを覚悟しなければならず、なかなかその役を引き受けようとする人はいなかったわけです。

それがなんとかやっと〝大島彦茂〟さんという農業を営む実直な人に決ったというので、集落あげてのお祝いだったということでした。

私達はその日の夜、集落の主だった人達の訪問を次々と受けました。それまでの約五年間は、この人口約二千人ほどの集落内だけの、ほとんど孤立無援の運動だったそうです。

そこにやっと那覇市内を中心とする沖縄本島での支援の動きが始り、そこに東京や関西、そして九州水俣からの何人かがこの空港建設問題のために訪れたわけでしたから、集落にとりましては大変思いがけない訪問客でありました。

私達がほんとうは何の知識も力もないただのおばさん達とも知らず、ほんとに申し訳ないといいますかありがたいといったらよかったのか、心からの持てなしとこれまでの経緯の説明を受けたのでした。

この南の島の人達の心からの持てなし、といったものをあますことなく言葉で言い表すことはとても出来ません。飲みもの食べものはともかく、そのなんていうか、南の人特有のくったくのない明るさと逞しさ、そして心と体の芯から生れ躍動してやまない唄と踊りのリズム、その数々。なかでもこの白保集落の人達は、とびきり明るく陽気な人達です。その沖縄、いわゆる琉球と言われた地域とその中で繰り広げられてきた苦しく厳しく哀しかったはずの数々の歴史を思う時、なんで、と思いますがほんとにとび抜けて明るい人達なのです。

もちろん家々に鍵などかかることは決してなく、夜の十時十一時などまだ宵のくち、一時二時三時となって、そろそろ家に帰ろうか、ということになるなんてとても私達には考えられない話でした。だって夜の十一時ごろになって「さあ遊びに行くよ！」、って誘われるんですから。それこそ、ただのおばさんやおばあちゃん達になんですよ！

他でだったら夕方五時六時頃チャイムかなんかが鳴って、「さあ良い子の皆さん、もうお家に帰りましょう……」なんてスピーカーがしゃべり出すのに、白保では夜九時になって、「さあ良い子の皆さん……」が始るのです。お祭り前ともなりますと、まだよちよち歩きの幼児までが夜中の一時二時、集落の通りで大音量のテープや三線《さんしん》で踊りの稽古をしている大人達につきあって起きているのです。

ですから、生れて初めて沖縄を訪れた私達にとっては、それこそ文字通りのカルチャーショックでした。いったいここは何だろう。それこそ美しい海の底の龍宮かもしれない、と思いました。

そんな人たちのところにある日突然、海を潰して巨大な空港を造るという話がとびこんで来てしまったのです。

そんな陽気な唄や踊りの持てなしと綾なすようにして、空港問題は語られていきました。かつての戦争の時、そしていまも昔も、自分達がどんなに海に助けられ海と共に生きてきたかという話、その海との関りの中で生れてきた唄や踊り、その他の文化の数々。そうしたもので持てなされたからこそはっきりと、なぜ海を失うのがいやなのか、なぜ空港建設に反対しているのかが体と心を通して私達の中に伝わってきたのでした。

「それにしても……」、と私は考えました。空港建設反対運動といえば、すぐさまあの三里塚、成田空港建設反対闘争の様子が目に浮びます。私達のようなただのおばさん、主婦達が、県や国といった、いわゆるお上《かみ》ともいった行政を相手にいったい何が出来るのかしら……。ふっと不安と自信のなさがよぎります。ほんとにこの人達は、この私達をなんとかしてくれる力強い支援者と思っているのかしら？　とつい一人一人の顔を見てしまいました。

でも、ほんとのところあちらはあちらで、この都会から来た変な人達はいったい何だろう？　力があるのかしら……、と思ったよと後で笑って話してくれました。でも一人だけ、その時からずっと共に動くことになった中心人物山里節子さんは、ああ、やっと人らしい人に逢えた、巡り逢えた、と思ったよと言ってくれました。うれしかったですね、とっても……。

南の島での夜明けといいますか、日の出はほんとに遅いのです。朝八時四十何分、なんて信じられないねぼけた時間なのですね。

白保集落は島の東海岸に面しています。「東の礁《アーリヌピー》」といって、日の上る海であり、その日の上る東の海の彼方には、〝ニライ・カナイ〟、つまり神の国、ユートピア、極楽浄土があるといったニライ・カナイ信仰というものが島にはあります。また人によりますと、このニライ・カナイという言葉には、ヘライとかカナンといった意味があり、そちらから渡ってきた民族といった意味もあるといいますが、そのほんとうのことはわかりません。とにかく南の島々への平安と恵みは、このニライ・カナイからもたらされてくるといった考え方は、人々の中に深く浸みこんでいるようです。また、そのような恵み深い世の中、社会を人々は彌勒世（みるくゆ）と呼び、集落の大きなお祭りの時には、この弥勒さまが主神・主役となって集落の中を唄や踊りと共にねり歩きます。

こうしてひとつひとつの言葉や行事をみていきますと、その中になんともいえない深い信仰心があることに気付かされます。とにかく行けば行く程、知れば知るほどぐんぐんと魅せられていく人達と文化がそこにあるのでした。

この東の海の海岸は、当然のことながら初日の出を拝むに絶好の場所です。宿のおばさんが、島の若者達が一晩中浜辺で火を焚き、朝まで飲みあかし、朝日を拝んでから帰るんだよと話してくれました。

「よし、それでは私達も朝日を拝んで」、となんとか翌朝八時半ごろ目を覚し、「しまった、寝すぎたかな？」と思いましたが、「まだ大丈夫、まにあうから早く早く！」、と宿のおばさんにせかされて浜に出てみました。ところがなんとも残念なことに空は曇り空、深く厚い雲が空一面を覆いつくしていました。

浜には確かに、まだそこここに、若者達の姿と赤いほほづきの連なりのような焚火の名残りがありました。「せっかくここまで来ていて噂の朝日を見られないとは……」、とても残念な思いでした。

しかしそれにしても、なんて美しい紫色の雲なのかしら？　何か、まるでこれから荘厳なドラマでも始るような雰囲気でした。いま思いますと、ほんとにあんなに美しい空と雲の色があったことがウソのように思えます。

小さな夢のような舟着場には、まっ黒に陽やけした一人の漁師さんが立っていました。あとでこの人とはずっとくろんぼおじい、と親しむことになりましたが、その小父さんが、「あんた達くやしいさ、初日が見られんさ」、と白い歯をニッと出して笑いました。

その時、私はふっと思いました。まるでそれはいたずら心にも似たような思いでした。このところさんざん聞かされた空港問題です。ほんとうにこんな美しい海が潰され、この集落の人達の静かで平和な暮しが失われてしまうのはまことにしのびないとは思うけれども、しょせん私達は他所者、直接この集落には何の関りもないし、だいいち私達のような立場の者に何が出来るだろうか？　何も出来やしない。だから、これから先これ以上深入りするのはやめた方がいいに決っている。ほとんどそう思っていたのですが、「さて、待てよ？　もしもこの、こんなに深くて厚い雲が開き、あの水平線の彼方から、もしもあのまっ赤な太陽が顔を出したなら、その姿を見せてくれたなら、私はこの空港の問題をやってもいい。ねえ神さま、そう約束します」。不遜にもその時私は、そんなふうに自分の心にささやいたのです。日の出までにはもうほとんど時間はないし、実際、目の前の雲はこんなに厚いではないか、と思いました。

まあ、すっかり安心しきっていたわけですが、ふと気がつきますと、水平線の彼方にぽちっと小さな光が見えるのです。みるみるうちに海が光っていきます。海とほとんどひとつになっていたはずの雲が、その光の量と共に上ってしまっているではありませんか。「え？　まさか、そんなのってあり？」、なんて思っても確かに雲は開き、美しくまっ赤な太陽はぐんぐんと昇ってきてしまいます。そして、まるで〝光の道〟とでもいうような美しい光線が、海の上をこちらに向って走っています。「あんた達みてしまったさー」、とくろんぼおじいが言いました。

ずっと後になって、ある沖縄の女性に私は言われたことがありました。「山田さんって、海の光の道を視たんじゃないですか？」って。「海の光の道を視た人は、かならずその海のために働かされてしまうそうですよ」とも。でもその時はそんなことは何も知らずに、「しまった、あんな約束なんかするんじゃなかった」と思い、「ま、これは単なる偶然というものだわ」、と自分に言い聞かせたのです。

ところが次の日、また面白いことがありました。

沖縄にはハーリー（海神祭）というお祭りがありますが、その海の神さまへ祈りを奉げるための大きな岩というか、巨石というものが浜にあります。それはどこの集落でもそうなのかは知りませんが、白保には例の舟着場のすぐ近くに、いわゆる拝石（うがんいし）という大きな岩が双つ並んでいます。人々はその岩の陰のくぼみのような処に供え物をならべ、お線香を焚いて、それぞれに祈りを奉げる習しがあるのでした。よくおばあちゃん達が両の手を合せ頭《こうべ》を垂れて祈っている姿を見ましたが、ほんとうにごく自然な海への敬いが伝わってきて、思わずこちらも静かに気配を消さずにはいられません。

ところで、その初めて白保を訪れましたその時、初日の出を見た次の日でしたが、その岩のそばを通りかかりますと、その双つの石の間から、丁度両の手にのる位の小さなカメさんがちょろちょろ出てきたのです。「あ、カメだカメだ！」、なんて言いながら一度はひざに抱き、写真を撮ったりなんかしてまた海に放してあげたのですが、その話を集落の人にしますと、そんなことあるはずがない、と言うのです。昔から産卵のため、大きな〝あおうみがめ〟がもっと北の方の浜に上っては来るけれど、そんな集落のすぐ近くに、そんな中途半端な大きさのカメが上ってくることはない、と言いはります。でも私達がカメを見て抱いたことは事実なのですからそう言いますと、「じゃあやっぱりそれは、海の神さまがお使いをよこしたはずさ」「この海のことをやって下さい、海を救けて下さいって……」、とうとうそういうことになってしまいました。

でも、それはほんとにそうだったのかどうか。単なる偶然が重なっただけなのか、それこそわからない話なのです。でも、この時の沖縄行きを大きなきっかけにして始った、私の白保への関り、その後約七年、八年と続いた空港建設反対の動きの中で、これらの出来ごとはどれほど私の心の支えになったかわかりません。

私達が、空港を造らないで下さい、海で生きる沢山の生き物達の生息の場、産卵の場を潰さないで、集落の人達にとっての安らぎと生活の海を埋めないでほしい、と主張するその相手は、確かに建設計画を進めようとしている沖縄県の行政や、各関係省庁の役人さん達であるはずでしたが、それ以上に大変だったのは、本当は同じ目的で動いているはずの仲間達の間での感情のいき違い、また目的の捉え方の違い、運動の方法の違いなどの方がずっとずっと重苦しく、辛いことが多かったのでした。

とにかく私は、いわゆる運動家の若者達に、「まったく運動のやり方を知らないおばさん」、とか「白保の下請おばさん」、といった言われ方で批難され嫌われました。それは私が、その後組織化されていった運動体に一切所属しなかったからなのです。

私はほんとうにごくごくわずかな仲間達だけで、いろんなことを発想してはゲリラ的な動きをしていきました。国会の衆参両議院のさまざまな委員会でとりあげてもらう時なども、ごくごく具体的に資料を集め、質問に立ってくださる議員さんに提供してきました。また白保集落の人達が各関係省庁に向け陳情にまわる時のアポイントをとったり、そのサポートや宿がわりもしたのです。我家はまるでそのための民宿のようなものでした。そして私も年に三回、四回と沖縄に出かけていき、生活のすべてが白保のことを中心にして回っているような毎日が、何年となく続いてしまいました。

あれから何年か経ったいま、白保の海を埋めて造ろうとした新石垣空港建設問題は、一応の決着を見ました。国も沖縄県も、このサンゴの海を埋めて空港を造ることはあきらめざるを得なかったからです。しかし、いままた別の場所での新たな計画が起きていますので、本当の解決に至ったとはいえませんが、このようなテーマや計画といったものは、いまこのようにして、地球上に生きている私達すべての者に与えられた、心の課題、魂のための大きな何かなのだと思います。

それにしても白保のサンゴの海、というのは本当に素的で不思議な海でした。とても困った問題が起きれば起きる程、そのことをしっかりバネにして全く予想しなかった新しい展開を作りだしたり、国際的な沢山の人達をフルに巻きこんだ動きが次々と生れていく海でした。こうした動きの中で、私は沢山の友を得ましたし、実に多くのことを学びました。それはいまもって続き、次なる課題、次なるテーマへとつながっているのです。

いま私は、この原稿を長野県川中島の小さな宿で書いています。この白保の運動の中で知り合った若い仲間同士が、明日六月二日に晴れて結婚式を挙げることになり、私達夫婦はその仲人役に頼まれたのです。花婿となる青年と私は、この運動の中のほとんどの月日を共に過してきました。花嫁さんとなる人は、沖縄本島に住み、途中から私達の運動に加わってきた人で、まるで沖縄の太陽のような明るさを持った女性です。二人とも真から海の痛み、そして島の痛み、人なる者の痛みと喜びのわかるカップルです。これから先、この長野の地で共に農業にたずさわりながら、相変らず白保のこと、沖縄のこと、そこにつながるさまざまな全国的な出来ごとに目を向け心を傾け関っていくことと思います。

この原稿を書いているのが、この二人の結婚式の前日であり前夜であることが、何かとても不思議な縁のような気がしてなりません。

白保のこと、白保のサンゴの海のことは、また別な機会に、ぜひもっとしっかりと書いてみたいと思っています。

一人の人間が送る一生の間には、このようにして自分のありったけの想いと時間を注ぎこんでも決して惜しくない出来ごと、というものがあるんだな、そして、そういう出来ごとにめぐりあうことの出来た自分を、いまとても幸せだと思っています。

そしていまから三年前の春の日、白保のこともかなり方向の見えてきたある日のこと、私はこのようにして、視えない世界の視えない人達、視えない意識体からの情報を受けとめることになりました。これもまた、私にとってはいまひとつの大切なリアリティ、現実です。

一九九一年六月一日　夜　　長野にて　　　　　　　　　　征

さて、次に紹介します文章は、私がもう何年も前にある雑誌に書いたものです。先程の十二月二日付のものの中に白保の迎里清さんの名が出てきましたので、転載することにしました。（※掲載先の発行元、及び、発売元の許可を得て、掲載しております。）

この迎里さんは、それこそこの集落の中心人物であり、空港建設問題に関しては、初めから一貫して阻止委員長を努めてきた人です。年はいま六十八才のネズミ年。まっ黒に陽やけした顔にギョロリとした目は、まるで西郷さんのようだと私はいつも思っています。サトウキビ畑を中心に十六町歩もの田畑を持つ大農家であり、沖縄ではハルサー（農家・農夫）といいます。パイナップルも沢山作っていて、その獲り入れにはあの南国特有の水牛をいまでも使っています。

迎里さんは三線《サンシン》が大好きで、私も迎里さんの家で育ったという黒檀の竿を持つ三線を一本いただいたことがあります。お家の窓はとても広く低く開けられていて、「寝てる時、月の光をいっぱい浴びるサー」と言ってました。

海の波の音を子守唄にして育ったという迎里さんは、ほんとうに情緒豊かで、その話す内容といいますか、様々なものを見る視点がとても素晴らしい方です。いわゆる机上論といいますか、理屈ではない世界観というものをしっかりと持っていますから、そうでない理論や理屈で突っ走りがちな若者や、組織化された運動体の人達とはうまく噛み合わないことも多く、思わぬ誤解を受けたり非難されることも多かったのです。でも私はこの人が本当に大好きで仕方がないのです。ですから阻止委員長とはいわず、いつも〝おじさん、おじさん〟と呼んで親しんできました。

海の痛みは島の痛み　島の痛みは人の痛み

――白保の海に空港はいらない――

（『自然食通信』19号（11・12月号）（一九八四年十一月十五日発行））

＊雑誌発行当時の記事に一部加筆訂正し掲載しています。

「いやあ、一日が十年二十年に感じられたねえ……。いろんなこと考えたサー……。」

二十二日間の不当拘留の末、やっと釈放された迎里清さん。落ち着いた声が、デンワの向うに聞える。きっと一まわりも二まわりも大きくなられたにちがいない。

そしてその背後に広がる、青く美しい白保の海原。静かに寄せ返す波の音が聞えるようだ。

それは、迎里さんが、自らの命をかけて守り抜こうとする海。サンゴが花咲く海。ニライ・カナイへ通じる侵すべからざる海。いきとし生けるものを、守り育てて来た海。言葉にいいつくせぬ、ありとあらゆるものの命の母……。

迎里さんは、今年六十歳。子歳うまれだ。黒く陽やけした顔に、ぐりぐりとした大きな眼。南国の陽ざしに鍛えぬかれた人々は、みな色黒く逞しいけれど、迎里さんも例外ではない。

そして、この人のなりわいは農業。押しも押されぬ土に生きる人で、十数町歩の田畑を耕す。ところが、この人にはもうひとつ、とんでもない肩書きがある。

「白保公民館・新石垣空港建設阻止委員長」、といういかめしいのがそれだ。

着なれた和服姿の膝にサンシンを抱き、どこかとぼけた顔で爪弾きながら八重山の唄をうたう。

まったくおかしな話ではないか。こんなおだやかな人が、人々の先頭に立ち、とてつもない自然破壊を伴った空港建設を押し進める行政に、素手で立ち向わなければならないとは……。

海を守るいくさのなかで

事件が起きたのは、九月十二日から十四日にかけてのこと。「公有水面埋立申請」を建設省に向け急ぎ提出し、環境庁の許可を得、なにがなんでも年度内着工の足がかりをつくりたい、というのが沖縄県の思惑であり、あせりである。そのため県は、新石垣空港建設予定地とされる白保海域の海上調査を、力で強行してきた。

陸からは、百名近い機動隊や警察官。海には軍艦さながらの、海上保安庁差し出しの巡視船や、タグボート。その数は二十隻にのぼり、空にもまた数機のヘリコプターが人々の頭上低く飛び交い、威嚇するものものしさ。

まるで石垣の地に、再び戦世《いくさゆ》が襲ってきたかと思う騒ぎの中で、迎里さんはじめ白保の人々は命の海の守りに立ったのだ。しかしまたたくまに「威力業務妨害罪」の名で、おじさんといま一人の青年が逮捕されてしまった。

そのことに抗議し、八重山署に押しかけた大勢の人々の中から、さらにいま一人の青年がひきずり出され、殴る蹴るの暴行行為のあげく逮捕。頭蓋骨骨折、全身打撲。瀕死の重傷のまま八時間あまり放置の末入院、手術。先に逮捕された二人は、本島に送られ別々に留置。二十二日間の拘留。その間に、集落内のめぼしい人物の家々は、次々と家宅捜査されていった。

それは、あれよあれよという間の出来事であり、すべて、事前に仕組まれた筋書き通りにことが運ばれたとしか思えないありさまだった。

政治がつくった島の不幸

新空港建設＝本土なみの繁栄発展。この言葉がまき散らすバラ色の光は、八重山という季候風土が営々と築きあげてきた独特の文化、自然と一体化した人々の生活のありようを野蛮で遅れたもの、としてしまったらしい。

離島＝離島苦。これもまた、沖縄の為政者がよく使う表現である。そしてそれを聞く私達も、その言葉の持つ悲劇的な響きのゆえに、また琉球＝沖縄という地域が、永い悪政の続く中でなめてきた犠牲の地であるが故に、ついごもっともと納得してしまいがちである。

しかし、本来こうした南の島々は、理屈ぬきに豊かな地域ではないだろうか。

なんといっても、その亜熱帯性の季候風土は、日本の北国の厳寒ゆえの貧しさを知らない。真冬でさえ、彩り豊かな花々が咲き乱れ、本土の夏野菜が青々と畑に稔る。歴史の中で、こうした島々にあった苦しみは、良き為政者を戴き得なかった故の不幸ではないかと私は思う。

人々は必要に応じ土を耕し、夕べに海に降り漁をする。その海にはサンゴの花が咲き、魚の湧き出す海。気の遠くなるような時の流れが、サンゴを島にかえ、その大地に人が住む。そうした人と海とのかかわりを識り、海のありがたさを体で識る人々。人工的な一時《いっとき》の繁栄より、〝永遠こそ素晴しい〟、と素朴な言の葉で言い放てる自信こそ、私にとっては羨望のきわみである。

こうした人々が、「空港はいらない」、と権力の前に立ちはだかるとき、なんの理屈がいるだろうか。

何がこうまで白保の海は、このことを識る人々の心をひきつけ離さないのか。私達は心して考えてみようではありませんか。

どうぞ白保への支援を、沢山沢山およせ下さい。

〝あぶじゃあまの会〟 山田 征

（「あぶじゃあま」とは、八重山に伝わる踊りの名称です。）

十二月三日（土）

＊おはようございます。いまは二階のこの部屋で目覚めました。数日前から白保の人達や何人かが泊っていますので、私は娘の部屋に居るのですが、初めてあの夢を見たのはこの部屋でだった、とそんなことを今朝は想い出しています。（注・つまり四月九日朝、このノートをとることになったキッカケのビジョンのこと。）

そうでした。あれはまだ春の頃のことです。あなたには何時でも非常にドラマチックなスタイルで私達は働きかけているとは思いませんか？　あなたにとってはなんでもなく過ぎてしまっているこれら日常的な暮しの部分でも、そのひとつひとつはとても面白く、非日常的であると私達は思うのです。充分にひとつのドラマになり得るのではないでしょうか。

昨日、あなたはあることをずっと考えていました。それは、このようにして生活する者、生きる者の姿のことです。いわゆる、これらの世界に通じる者のいうアカシック・レコードといわれるものが、実は何であるのかといったことをあなたは良く掴みはじめたということです。私達の言う〝記録〟というものが何であるのかを、あなた自身がたんに言葉としてのことだけではなく知りはじめたということです。

このことについては前にも話してあります。あなた方人といいますものの歴史、それはとりもなおさず、いわゆる転生の歴史ということでありますが、それらはすべてアカシック・レコードと呼ばれ、この宇宙空間のどこかに記録され続けているといったことであったのですが、そのどこかは、あなた方でいう「場所」をさしているのではないのです。どこかまで飛んでいけば、そこにまとめて有るといったようなものではありません。それもまた波動の世界のことですから、この地上的な感覚の世界ではないことはすでに良くお解りのことと思います。

これらの記録、もちろん一人一人の記録のことですが、それらはすべて、その一人一人の所属する波動の世界に存在するものなのです。その人の存在と同時に在るものです。

前にも言いましたように、これらの記録は、あなた方のいう記録法とは全く異るものであります。あなた方が何か物事を記録する場合、それはごく一部分でしかなく、決して全体ではありません。また、たとえテープレコーダーとかカメラといった物体を使う場合も、やはり部分にならざるを得ないのです。場所的な制限、時間的な制限は当然のことながら、その被写体の内面（たんに表情、行動として表れるものではない）までもは捉えきれません。何故なら、人は絶えず想念、あるいは思考といいますか、いつでも何かを想い、考え続けてやまぬものであるからなのです。

そうです、話が少しややこしくなりましたでしょうか。とにかく、私達の言います記録とは、そのように断片的な部分ではなく、その時の思考や行動すべてを含む、その人の人生そのもののことなのです。また、その人の個人的な姿だけではなく、その時の社会的状況すべてを含むものでもあります。ですから、記録の為に別個に何かをするといったことではなく、その人の生そのものが、そのままコードになって、その人の中に巻きこまれていく、残っていくということです。

ですから、あなた方一人一人はすべて、記録庫そのものであるといえるのです。記録のロール巻きと考えて下さっても良いのですが、まあ、それではいかにも物的なイメージがふくらんでしまいます。なんとなく、大きなうずまき状のカラを背負ったカタツムリのようなイメージですが、そのように、あるスペースを必要とするものではありません。時間の感覚でいえば、〝瞬間〟といったようなものでありましょう。その瞬間的スペースに、あなた方の生きた姿のすべてが在るということです。

そのような感覚を理解することは、今までのような時の流れとか、空間の広がりといったものに捕われていますと、決して理解することは出来ません。

これから先、あなた方が過すことになります時代は、これまでの、いわゆる地球的な時間の捉え方、空間の捉え方だけでは充分ではありません。もっともっと飛躍的に、この宇宙的な視野の中で物事を見ていかなければなりません。

あなた方は今、まだまだ人、いえ人間という存在はそれほどには成長しきれてはいないと考えているのかもしれません。

でも人の世の科学は、一般的な人々には予想も出来ないほどの速度で発達、発展してまいりました。そのことは決して否むことの出来ない事実でありましょう。しかしほとんどの人々は、自分達の生きていますこの同じ空間の中で、いったい何が、どう科学されているかを知ってはいません。あなた方の生きていますこの世界は、そのように非常に細分化、分業化されてしまっています。人は、全体として何がどう仕組まれ、進展しているのかをよく捉えきれてはいないのです。

いまあなた方の世界は、ある日ふと気付きますと、ありとあらゆることがらがとんでもない速さで簡略化され、機械化されていることに気付くことになります。

それらのことは、決して人の手を全く離れた所でなされるわけではありません。すべてはあなた方一人一人の手の内にてなされているといって良いのですが、人々はまだその全体像を見ることが出来ずにいます。また見ようともしていないのです。自分がしていること、している分野が、全体の中でどの部分を占めているのか、それが全体に対してはどのような影響を及ぼしていくことになるのかといったことについて、全くといって良いほど考えが及ばずにいます。

つまり、無関心ということです。

それらのことは、何も科学の世界のことだけではありません。人々のありとあらゆる生活全般について言えることです。その結果、最も大きな影響を受けているのは、この地球という星全体の持つ、いわゆる生態系というものであります。人々は、自分達人間の文明社会をより大きく、より便利に構築することにのみきゅうきゅうとしており、この地上に生息する他の生物とのかかわりなどとんと気付かず忘れ去り、想い出そうとも致しません。

そのようにして、この地上には、あなた方人同士の間にも、他の自然界のすべてのものとの間にも、非常に大きな分断が起きています。それらのことは、あなた方の歴史が進めば進むほど、さらに大きな亀裂となっていこうとしています。これこそが、今のあなた方人々の一般的認識の世界であり、現実であると言えましょう。

しかし今私達はあなた方に、そのような世界はもう終わりにする時が来たことを知っていただこうとしています。分断化、細分化がこれ以上進んでしまわないうちに、すべてのものは本来ひとつのものであった、ひとつのものであることを知ってほしいと願っているのです。

すべての物、すべての出来ごとをその地上的な小さな感覚や視野で見るのではなく、もっとグローバルな目で見ていってほしいと思っています。いえ、私達が願っているのではなく、あなた方人々の魂が、そのことを心から求め始めているといえるはずです。ただ、そのことをあなた方のこの世的な感覚では、しかとは捉えることが出来ずにいます。自分達の魂が本当は何を求めようとしているのかわからずにいるのです。そのように、あなた方の肉体と精神はほとんど二重構造の世界になってしまっていることに、いずれ気付いてまいります。

いますべての〝時〟は満ちようとしています。あなた方の目から見ますとまだまだ不完全であり不備だらけ、いえむしろこの長い歴史の中で、精神的にはますます後退さえしているかに見えますこの世界、その世界が実はこの地上での最後の実りの秋《とき》、魂の高揚の時を迎えているとはとても信じられないのかもしれません。

地上的な時間感覚では、確かにまだかなりの年月を要します。しかしその間にあなた方は、おそらくは自分達でも信じられないほどの心の変化を見ていくことになりましょう。時はいま、そのように進みつつあります。これはあなた方の思考外の問題であるのかもしれませんが、このことは、この自然界、宇宙、大蒼《おおぞら》の中で進められていきます大きな計画であり摂理というものです。

そして、この大いなる時の変りめ、人々の心の変換の期《とき》には、何時の時代でもそれに先がけ、そのことを示唆し告げ知らせることがなされてまいりました。決していきなり、ということはありません。人々が少しでも早くそのことを知り、その時に備えることが出来ますように、と準備はなされてまいりました。そして今もまた、そのことはなされています。今このようにしてあなたに告げ知らせていますことも、そのことのひとつであることはいうまでもありません。よいですね。

ではまたのちにて。

いえす

十二月四日（日）

＊おはようございます。忙しい毎日でしたが、今日はゆっくりしています。これから小川町に行き、帰りは友達の所に寄ってみようと思っています。娘達もすっかり手がかからなくなりましたし、白保のことも、今のままならもう私は良いのでは、と思いますので、ふっと思いがけない時間が生れてくる気がいたします。

はい、ずっと以前に私達は、いずれあなたにはさまざまに成すべきことといいますか、やっていくべきことが沢山生じてきます、とはっきりと伝えたことがありました。もともと子もなく夫もなく、その持てる時間のすべてをこれらのことに使うことの出来る者もありますが、あなたの場合は初めからそうではありませんでしたので、ここに来るまでにそうとうな時を要しました。もちろん、それらはすべて、私達とあなたの間に交わされました約束に基づくものですから、何も予想外のことではありません。

この間に、あなたは人としてのさまざまなる側面を生きてきました。そしてあなたが丁度五十才になったのを機に、私達はこれら一連のことを始めることに致しました。あなた方のお国では、〝人生わずか五十年〟といった言葉がありますが、五十年も生きてまいりますと、人としてある程度の体験はなされるというわけです。この言葉が使われました頃の人々の暮しのあり方は、今のようにめまぐるしくはなかったのです。たとえわずか一日であっても、今と昔ではその時間的な感覚に大変な差があったと言わざるを得ません。

さて、あなたもこうして五十年という年月を生きてきましたから、それなりの体験と判断力を持つに至りました。お子達もそれぞれに育ちましたし、もはや何も心配はいりません。また、社会的な広がりや、人としての繋りも多くあります。すべては良い潮時といえましょう。これからはもっと他のことに、じっくりと取り組んでいくことにしてはどうでしょうか。

まず、人は人としてどう生きるべきであるかと思いはじめる人達がいます。人はそのようなこと少しも知らなくても、考えなくとも充分に豊かに生きていくことは出来ます。空を飛ぶ小鳥達のように、地に生きるさまざまなる生き物達のように、すべてあるがままに生きていきさえすれば、それこそ充分に生を楽しむことは出来ましょう。しかし、それだけでは決して充されないと考える人達がいます。まるで哲学者のように、この世のさまざまなる仕組、出来ごと、存在のことなどに想いをめぐらし、その答えを見出そうと日夜時を費やす者の数は意外と多いのです。そのことがまた人間という存在の特性でもありましょう。決して他の生き物には無いものです。

そうです、いまここに私達が伝えていますこれらのことなどは、まさにそのように考え求め始めた人たちへの解答《こたえ》であるといえましょうか。私達はいまここに、それらの人々の追い求める、いわば宇宙の真理ともいうべきものの答えを用意することが出来るのです。しかしそのことは、いつも申していますように、あなたの持つ言葉と思考の範囲内のことになりますからその内容はそんなに難しいものではありません。しかしほとんどのものは、これまでに伝えてまいりましたことの中に在る、と私達は見ていますが、それでも、さらなるものを求める方々も出てまいりましょう。

そうです、私達は楽しみにしてやっていきたいと思っているのですよ。

＊こんばんは。今日、いちばん初めのノートのタイプが送られてきました。今までと違って、これを一冊の書物として公開するかもしれないといった気持で読んでみたのですが、そうしますと、やはり部分的にはカットしたいと思うところが沢山あります。全く私のことを知らない第三者の前に、そうですね、一番身近な夫や子供達のことも含めていろいろ考えてしまいます。でも、ただの一般論としてではなく、身近な人達とのいろんなからみがあるからこそ面白いともいえるし、これはちょっと難しいことになりそうな気がします。そうした個人的なものや私情的なところを除きますと、全体としては大変面白い読み物になるような気もします。

そうですね。どこに見きわめを置くかでしょうが、ただたんに人にとって都合の良いところだけを差し出すのがいいかどうかということでありましょう。そこが工夫といいますか、思案のしどころですね。場合によっては多少手を加えるといいますか、取捨していくことは必要と思います。

これらのことは、別に教えの書である必要はないのです。一人の主婦の周辺にいったい何が起きたのかといった、一種のドキュメントであっても良いかもしれません。

あなたはもっと淡々とした内容のものと思っていたのでしょうが、どうしてこれは、その出演者の顔ぶれからしてそうはいかないようですね。出演者もそうですし、その話の内容もまたそうでありましょう。そのような内容のものを、とにかく何気なく、素朴に扱っていくといったことが良いのかもしれませんね。

いえす

＊わかりました。とにかく、あとで考えてみることにします。

十二月五日（月）

＊おはようございます。今すぐに出掛けなくてはなりませんのに、なんとなくペンをとりました。

はい、おはよう。私はるしえる。私はいましばしそなたに語りたきことありと働きかけしものなり。先程のデンワにて私の名が語られたるにより、私は久しぶりにそなたに語ろうと思った。しかし今はよい。まことに今はまだその時にあらず。のちほど、いましばらく多き時とりて語るといたそう。寒きこと日々増したるにより、そなた、まことに気をつけていかれよ。

愛ある波動をそなたに　　るしえる

＊少しは時間があります。

それでは良いであろうか。私は前にも述べたるごとく、今まではるしえると言いたる名を使いてそなたに語りかけもし、世にありては悪しき者の代名詞として扱われもしてきたものにてある。しかしながら、その名、まことに知りたる者ばかりにてはあらず。先程の者のごとく、まずは我が名の由来そのものから語らねば、何ごとも伝わざりし者もまた多くあり。そのこと、これより先はひとつの課題とはなりたるものなり。

世にはこの〝るしえる〟と言いたる名、まことに馴染みある者となき者とがあるにより、これらの悪しきことがらの世界、仕組といいたるもの話たる時にありては、よく伝わりたる者、伝わざりし者に分れゆきてあるも致し方なし。そなたにありては我が名まことによく馴染みたるにより、そのこといささかも気を使いたることなきものにてあるも、他の者にありてはさにあらず。まずはそのことこそは伝えたきことにてあり。

我はそなたのうちにありてこそ、我が名を世に広めたることをなせり。我らが伝えたき新しき理念こそはこの名使いてよく伝うること可能なり。その上にて、我もまたすべからきものとひとつのものとなりてあり。そのこと、今までそなたにて伝えたるかの詩の数々、その中にてさまざまに伝えてあり。

いまこそはまた新しき詩うたいてみると致す。そなたよ、とく記したまえ。

はじめにありて　我はひとつのもの　ひとつの力にてあり

その力ふたつに分れしとき
そのときにこそ　我が名〝るしえる〟こそは生じたるものにてあり

我は　そなたら人なる者創りたる力なり
この力なくば　世にあるあまたなる物　形あるもの生ぜしことあたわざるなり
我が名　我は使いてこの大蒼《おおぞら》駆けめぐりたるものにてあり

そなたら人なるもの　その心にありては
その生きたる姿のうちに　さまざまなる想い　想念こそは湧きいだせしものなり
その想いこそはまた我が力　我がるしえると言いたる名にてあり

我はまた　そなたら人なる者　さまざまなる想い　想念こそは司りたる者にてあり
我こそはそなたら人なる者　その胸のうち奥深く宿りたる素晴しき力なり

そなたら人なる者　さまざまに思考といいたるものをなせり
そのなせりし思考といいたるもの　それこそはまたいまひとつの我が名　我が力なり

我はるしえると名乗りたるも　まことはすべからき力統べたる者　神なると知れ

そなたらの思考と言いたるその力こそは　また我が力なり
そなたら　何ごともよく思考致せしものなるも
その形　動きなきもの　すべからく我がいまひとつの力なると知れ
その形なく動きなきものに力与えたるは　すべからき我が名るしえると知れ

我はまた　ふたつの姿現したる者にてあり
まことはひとつのもの　ひとつの姿なるも
そなたら　神なるもの　神なる世界よく知りたるためにこそ
かようにふたつの姿　現したるものにてあり

これらのこと　我はそなたらの前にありて　ひとつのドラマとはなせり
ひとつの物語りとして語りたるにより　人々　よく知るところのものとはなしたるなり

そうです、今朝ほどあなたは、かの女性と話しました時に、まずは〝るしえる〟の名の由来から話さなくてはなりませんでした。もちろんそのことは彼女の場合だけに限らず、今までにも度々ありましたし、これからはなおさら多く生じてまいりましょう。

このことにつきましては、今までにも幾度となく話してまいりましたので、いまさらここで改めて話すまでもないことですが、今朝ほどの彼女の質問は、まことにはっきりとこのことを象徴していたと思われましたので、さっそく論議に及んだというわけです。これからはまたさらに多くの説明を加えていく必要が生じてまいりましょう。

本当は、このような名前を使わずにこれらの世界を説明していくことは充分可能なことでありますし、あなたももちろん、そのことはよく承知していることでしょう。

私達はいま、すでにこのような仕組のもとに、これらの話をとても分り易くしてきたつもりでいます。

もちろんこの〝るしえる〟といいます呼び名はまことに一般的ではありませんが、むしろこれらのノートを通して一般化していくことにもなりましょう。人々にとって、いままでは、いわゆるキリスト教的な教義の中でのみ知ることの多かったこの名を、もっと広い立場で知ることになり、口にするようになろうとしているのです。

しかしそのことは、もちろんあなた自身良く承知していますように、一時的なものでありましょう。いわば、まことに便宜的に使われていくものであるといえるのです。

そのことをよく承知の上で、あえて私達は、今しつこくこの名を使っているのです。つまりは、まことに普遍的な存在である神なるものの概念、そのものを変えようとしているということです。これはとても大変な出来ごとであると言えるのです。

人々は今まで、その神と言われます存在を、非常に狭く一面的にしか捉えてきてはいなかったのです。今まではもちろんそれで良かったのです。人々はまことに神のもとにひれ伏す者でありました。そのようにして、人々はこの長い歴史の中で育まれてきたと言えましょう。ですから人々は、神を祀るといった行為のもとに、寺社仏閣を営々として築いてもまいりました。そのことがまた、あなた方の歴史の中ではひとつの建築文化をも築いてきたと言えるのです。一面的にしか捉えることが出来なかったが故に、そのような構築物の内にこそ神や仏を住わせもし、閉じ込めてもまいりました。

そうです、まことは神なるものの姿をそのように狭く限定していかなければ、人なるものの思考は、神なる存在、エネルギーを捕らまえることは出来なかったのです。

今はもはやそのような時ではありません。すべてのことがらは、まことに科学的に、クールに説明することが出来ますし、またそのように受け止める者の数も多くなってきているのです。

いわゆる神そのものの概念こそが、今こそ大きく変ろうとしている時であると言えましょう。

しかし、何も怖れることはありません。昔も今も、つまりは今まであなた方が神と呼んでまいりました力や姿が変ってしまったり、失くなってしまったりするわけではないのですから。その果てしなく大いなる力、エネルギーこそはますますその力を増し、あなた方人々の上にその本来の姿を顕しつつあるということが出来ます。そのことが、今回このノートを表していますことのとても大きな目的であると言えるのです。よいですね。

あいしています　　いえす

あとがき

この本を自費出版という形で初めて世に出したのは一九九一年八月のことでしたから、丁度二十七年前のことになります。

ノートの数は、すでに二十冊ほどになっていたと思いますが、とりあえずは書いた順番に二冊ずつを一冊の本にまとめて出し続けてきました。

本にはしましたが、何の宣伝もせず、ただただ人から人への口コミだけでしたから、実にのんびりゆったりとした広がりでしかありませんでした。

今回この本のストックが無くなったことを機会に、一冊目の「光と影」の本と同じに、ナチュラルスピリット社から新刊として出していただくことになり、改めて原稿を見直し、言葉の整理などを終えたところです。

今は、二〇一八年の夏真っ盛りです。あまり雨が降らず何もかも、どこもかしこもカラカラに乾いて、手絞りの洗濯物などもすぐに乾いてしまいます。

今現在はそうですが、以前七月始めの頃は降りすぎる雨で、本州西部地方や九州南部では驚くほど広い範囲にわたる大水害があり、二百人をこす沢山の方々が犠牲となり、あらゆる面に於けるインフラ被害がありました。

その少し前には大阪地方での直下型地震、その前は私の故郷、九州宮崎県の霧島連山の一角にある硫黄山が、数百年ぶりの噴火。海外ではなおさら多くの大災害が続出しています。そして今年の四月に国連が発表したのは、今世紀中頃までにアジア諸国の沿岸漁獲高はゼロになる、というショッキングなものでした。その他地球規模で起きていますさまざまな自然破壊、環境汚染、戦火の数々、人心の荒廃等々、細かくあげていきますと誰方も身の毛のよだつ思いになってしまうのではないかと思います。

今はまさに、これまでの歴史の中で言われ続けてきました終末といいますか、世の終わりの時、といってもいいのかもしれません。

私の一冊目の本、『光と影のやさしいお話』の後半に、「るしえるのうたえる詩」と題する沢山の詩がありますが、三番目のとても長い詩の中に、神がるしえるという偉大な天使に対し、悪魔ルシファーの役を担って、悪に染まった人々とともに歩いていってほしい、と依頼する場面があります。その時の言葉の中に、「私はそなたが人々となすすべてのことがらの中に、大いに学ぶべきものを知らせるであろう」、というものがあります。

神の意図としては、人間社会の中に起きるありとあらゆる悪しき現象の中にこそ、人の魂の生長を促すとても大切なものを備えておく、置いた、ということなのですが、そのことに気付くことの出来る人といいますか、魂の持ち主がどれほどいるのか、ということがいまこそ問われているのでは、と思います。つまり〝悪〟をどう捉えるか、ということですが……。

私事ですが、私は今年四月中頃にひきこんでしまった風邪をこじらせすぎて、六月末頃まで長引かせてしまいました。自分でもびっくりするほど体力が落ち、痩せこけてしまいましたが、その頃のある日、東京駅まで行く用事があり中央線に乗り込みました。すでに朝の九時半でラッシュは無いだろうと思っていたのですが、意に反して体を安定させるための足幅を広げる余裕もない混みようでした。かろうじてシルバーシート横の細い柱に掴まることが出来たのですが、一駅ごとに空くどころかますます込み合って、ある駅でどっと乗り込んできた人たちに押されてシルバーシートに掛けている人の前に転げてしまいました。もちろん立つこともできずもがいていますと、近くに立っていた女の人が「どなたか替わって掛けさせてあげませんか」、と大きな声を出してくださいました。

そのシルバーシートに掛けていた三人は、真ん中が若い女性、両サイドは少し年配の男の人達でした。一人は大ばんのパソコン操作中、一人は読書中、その三人びくともしないでその声を完全無視。声を上げた女の人が私を助け起こそうとしてくれましたが、混雑の中体力もなく立つ気にもなれず、「このまま行きます」、と立ちませんでした。

「世の終わりの時、私が倒れても誰も助け起こす者はいない」、という言葉が何かの教典にありましたね、と私のこの話を聞いた人が言いましたが、その通りのことをまさか自分が体験するとは思いませんでした。若者風の言い方を借りれば、ほんとうに「まじか?」、と言いたいところでした。もちろんそんな人ばかりではなく、私を年寄りと判別すると「どうぞ」、とサッと立ち上がって下さる人は時々いらっしゃいます。でも今回のように転んでいる年寄りがいても替わって下さらない人というのは初めてです。

ちょっと長々と書いてしまいましたが、要は人が人をどう思いやることが出来るかどうか、の心の問題なのだろうと思います。

ところで今年一月に出版しました私の一冊目の本、『光と影のやさしいお話』の帯のところに「人本来の姿にたち返る時が来た!」、という言葉が書かれていますが、その「人本来の姿」、とは一体どのような姿を指して言っているのかを少し説明してみようと思います。といってもその答えは、やはり一冊目の本の中の沢山の詩の中の三番目に書かれていますので、一部抜粋してみます。

「人々とは何であったか　人々とは　まさしく神の分身　神の愛の計らいによる　神の子どもらであった　昔　人に悪はなかった　人々は　清らかな愛そのものであった　清らかな光そのものであった　人々は　平和な愛そのものであった（後略）」、というくだりがそれですが、これとは別に私の番外編のノートの中に、「人本来の姿とは、まず素直であること。そしてやさしく思いやりがあること。思いやり、といっても人同士のことだけではない。むしろ他の生き物、動植物に対しての思いやりのことである」、という内容のものがあります。どちらかというと私はこの方が分かりやすくて好きなのですが、人間といいますか、人としてとてもいい人と思える人でも、その日常生活の面で見たとき、つまり衣食住という一人ひとりの生活の在り方が他の動植物にとってどうなのか、というところまで考えて暮す人は極端に少ないのではないかと思うのです。もちろん今現在このように極度に発達発展しすぎてしまった社会の中で、完全に他の動植物の生命を侵したり殺めたりせずに、つまり環境に全く負荷をかけずに生活する、生きることなど出来ないと私自身思います。それでも可能な限り努力する、考えながら暮す、生きていくことはできると思います。その心の度合いの問題なのかな、と思いますが、この本のタイトルで示唆されていますように、人の魂が他の天体、他の世界に移行していくとして、果たしてこんなにもひどくこの地球を痛めつけたまま、ハイサヨウナラ、でいいのか、ということではないでしょうか。昔から「立つ鳥跡を濁さず」という言葉がありますが、私は人間はなおさらそうであるべき、と思うのです。

そのことを少し解りやすく思い起こすことが出来ますように、ここでもう一度一冊目の数々の詩の中の文章を引用してみたいと思います。

まず六番目にあります一部分です。詩の最後の方に、

人々よ　知りたまえ
この星　地球と
そなたたち人々とのかかわりを

知りたまえ　人々よ
この星なくば
そなたたちの住いは
いずくなりや

いたわりたまえ
いたわりたまえ　人々よ
神の似姿とりし　人々よ
この星をこそ

いたわりたまえ

という詩です。そして七―一番目、七―二番目の詩は、地球と人々に対しての呼びかけ、語り掛けです。抜粋と思いましたが、私の下手な文章より、より的を射ていますので詩全文を載せてみます。

美《うるわ》しきかな
この星　地球よ
美《うつく》しきかな
この大蒼《おおぞら》に浮かびし星　地球よ
そは神により
まことに愛でられし　愛の星であった
大蒼の中に　美しく　あをく
光り輝く愛の星　地球よ

そなたは知るや
そなたの背にある　あまた多くの人々を
あまた多くの　生きる物たちを
あまた多くの　動かぬものたちを
君よ知るや
そなたの上に置かれたまいし
神の心の　あらわれのさまを

人々は　まことに美しき心持ち
そなたの上でさまざまに
うたい　踊り　かつ眠りしものを
人は人を
まるで神のごとく　愛であいしものを

他の生き物たちの
美しく　清きさまを見たまえ

まるで　神の御心そのままに
来《きた》る日　来る日
自《おの》が姿
自が創られし姿のままに振るまいたる

しかし人々よ
そなたたちは何ぞ致したるや
そなたたちの　心のしじまに
しのびよりしは　何のしるしぞ
そなたたちの　心は騒ぐ

我が心に生ぜし　そは　何ぞ
我は　欲す
我は　神なりしや
我は　力なりしや
我は　富なりしや

我は　名誉なりし
我は　人より前を歩むを欲す
我は　人を見たりて
その姿かたちに　さまざまなる情欲を覚ゆ

人は何ぞや
人とは　何ぞや
人とは　ありとあらゆる
よこしまなる心を宿せしものなり
そは　我が望みたるや
と　人は言う
我が望みたるによりて
このようになりしか
と　誰か言わざらん

しかし　まことに我は言う

人は　人によりて神の似姿なり

神の中にありて　知られざりしものあり
神の中にありて
消すことあたわざる　よこしまあり
神の中にありても
さまざまなる陰《かげ》なるものあり

しかし　人々よ
そなたたちは神の写し絵なり
そなた達の中にありて
神は　ぬぐいたきものあり
神は　まことに清らなるものを
神は　清らならざるものをぬぐい去るべく
人々はつくられしものを

人々よ知るが良い
そなたたちの救わるる日近し

神の中にありては
すべては成れり
神の　そなたたちに負わせしことがら
すべからき　悪しきことがら
いまこそ消さるる時ぞ至れり

神は　全きものにておわす
その故にこそ
人はつくられしものを

人々よ
もはや知る時至れり
人々もまた　神なり

人々こそ
神の御心のあらわれなり
神は
そなたたちの中にありて
自が姿をあらわしたり

人々よ
いまこそ光り輝きたまえ
なんぞ神ならざるものに　光あらんや

人々よ　戻りたまえ
神の愛でたる
この美《うるわ》しき星　地球
この星にこそ
いま　いとまを告げん

そなたたちを　いつくしみ育てし星
地球よ
いまこそ　そなたの時至りぬ
美しきそなたの
あをき光の中に
その光の中にこそ
まことの神の　愛を見いださざるや

美しき星　地球よ
いましばしの時　待たれよ
人々　いまこそ目覚めなん
そなたの背に住いし
人々こそ　神の愛に目覚めなん

星よ
地球よ

やすらけき時　近づかん
そなたの傷つきしその身をこそ
癒さん時　至りぬ

許されよ　そなた
許されよ　美しき星　地球よ

二〇一八年　七月から八月にかけて
暑い暑い山梨にて

山田　征

ここまでの文章を書いた頃は、まだ暑い、というより熱い熱い夏まっ盛りの頃でした。その文章を見直している今は、秋の気配が日一日と濃くなり始めた九月下旬です。この間のわずかな月日の間に私たちのまわりでは、新たに付け加えたくなるような出来ごとがいくつもありました。

そのひとつは九月六日未明に起きた北海道での地震です。そしてそれに伴って発生した全道に渡るまさかの大停電。

ふだん人々は、自分が使いたい電気を何も気にせず考えもせず、使いたいだけ使っていますが、一旦このようなことになってしまいますと日常生活があらゆる面でストップし、大混乱に陥ってしまいます。

誤解を恐れずに言ってしまいますと、このようにして有って当たりまえすぎる電気が失くなってしまった時、私たちがどんなに電気というものに頼り切ってしまっているかを身をもって知るとても良い機会であったのでは、と思います。

そして特筆したいもうひとつの出来ごとは、この暑いさなかに亡くなられてしまった沖縄県知事翁長さんのことです。

今沖縄では、人口密集地にデンと腰を据えてしまっている巨大な普天間米軍基地の移設問題で揺れています。

国も米国もその移転先は同じ県内の名護市辺野古《へのこ》の海を埋め立てるのが唯一の解決法だとして、反対する多くの人々の意志、声を完全無視して強行に工事を進めています。

工事の大きな要は、広大な面積の海を埋め立てることです。その許可を出すのは沖縄県知事ですが、そういう許可は出さない、ということで当選したはずの前の仲井眞県知事が約束を裏切り、国の圧力に負け許可を出してしまいました。

そのすぐ後、この翁長さんは人々の大きな期待を担って知事になりました。

翁長さんはもともとは保守系の人でしたが、日本全土のわずか数％でしかない面積の沖縄県に、日本にある米軍基地の約七十数％もが集中してしまっていることに、そして人口密集地に在る超危険な巨大基地の移転先が、やはり同じ県内の、しかも貴重な海を埋め立てるものであることに異議を申し立てての当選でした。

現地である名護市長も（いまは変りました）、県知事も七、八割の県民他の人々の意志表示にも関らず日本政府はそれを完全に無視してどんどん工事を進めてしまいますので、翁長さんは亡くなるほんの少し前、病身を押し切っての記者会見で、前知事が承諾した埋め立て認可を出す過程で瑕疵が有った、ということで認可取り消しをする、ということを表明しました。

でも翁長さんは、それを自分の手で出来ないまま亡くなられてしまいましたが、先月八月末に副知事の手によって認可取り消しがなされました。国はもちろん反発しています。

翁長さんが亡くなられた時、朝日や毎日、読売といった大手の新聞だけではなく、全国各地の地方新聞他、あらゆるマスコミが死亡情報を大々的に取りあげました。

そのことひとつとっても、いまこの問題がいかに大きな出来事であるかがわかります。

今回この本のなかで私は、石垣島白保集落地先のサンゴの海を埋め立てて建設されようとした「新石垣空港」問題を度々取りあげています。その時対立した相手は沖縄県と日本政府でしたが、今度は日本政府と米軍（米国）といく回りも巨大な相手になってしまっています。

イエスの教えの中にも仏陀の教えの中にも、〝汝《なんじ》人を殺すなかれ〟、とか〝アヒンサー（不殺生）〟、人だけではない多くの他の生き物の殺生をいさめた言葉が沢山あります。

「基地」とはまさしく人と人、国と国との争い、殺しあいの為《ため》のものです。でも自衛のため、国を守るため、といった言い訳の言葉がいつも使われ多くの人々を納得させてしまいます。

人はいつまでこのような殺戮をくり返すのでしょうか。

例え自衛のためであっても他のどんな理由があっても、もう人が人と戦う、殺しあうといった行為は終りにしなければまことの平和、というものは私たちの前に現れてくることはない、と私は思います。

どこかでほんとに覚悟を決め、思い切らなければ、と私は思うのです。

二〇一八年　九月二十一日

赤い被岸花の咲き競う阿蘇の麓の友人宅にて……

山田　征

著者略歴

山田 征（やまだ・せい）

1938年東京生まれ、六歳より九州宮崎で育つ。二十四歳で結婚、以後は東京都武蔵野市在住。四人の娘達の子育てと共に、農家と直接関わりながら共同購入グループ「かかしの会」を約二十年主宰し、地元の学校給食に有機農産物他食材全般を約十七年にわたり搬入。仲間と共にレストラン「みたか・たべもの村」をつくる。並行して反原発運動、沖縄県石垣島白保の空港問題他、さまざまな活動を経る。いま現在は、日本国内だけではなく地球規模で設置拡大され続けている風力や太陽光による発電設備の持つ深刻な諸問題についての講演活動を精力的に続けている。
1988年4月9日から自動書記によるノートを取り始める。
2002年1月より「隠された真実を知るために」のタイトルで、ひと月に1回の小さな勉強会「菜の花の会」を続けている。

著書
『ただの主婦にできたこと』
『山田さんのひとりＮＧＯ　－「ニライカナイ・ユー通信」』
（以上、現代書館）

『光と影のやさしいお話』（ナチュラルスピリット）
『あたらしい氣の泉』
『鏡の中のすばらしい世界』
『あたらしき星への誘い』
『光の帯となって』
『吹く風も　また私である』
『もうひとつの世界へ』
『ふたつの世界の間に立って』
『かかしのおばさん　エジプトを往く！』
『ご存知ですか、自然エネルギーのホントのこと』
（以上、アマンの会　＊自費出版）

連絡先
東京都三鷹市井口 2-18-13　ヤドカリハウス

光の帯となって

長き長き人としての旅路のはてに
さあ　翔びたとう
あたらしき世界へ　次なる星へ

●

2018年12月25日　初版発行

著者／山田 征

編集・DTP ／笠井理恵

発行者／今井博揮
発行所／株式会社ナチュラルスピリット
〒101-0051　東京都千代田区神田神保町3-2
高橋ビル2階
TEL 03-6450-5938　FAX 03-6450-5978
E-mail：info@naturalspirit.co.jp
ホームページ http://www.naturalspirit.co.jp/

印刷所／シナノ印刷株式会社

ISBN978-4-86451-285-5　C0014

●新しい時代の意識をひらく、ナチュラルスピリットの本

エソテリック・ティーチング

ダスカロス 著
須々木光誦 訳
H&M・ランバート 監修

あらゆる真理の探究者のための指導書。歴史上、世界で最も誤解されてきたキリストの真の教えがここに！

定価 本体二四〇〇円＋税

エソテリック・プラクティス

ダスカロス 著
須々木光誦 訳
H&M・ランバート 監修

キリストが十二使徒と70人の弟子だけに伝えた秘儀。その真理と実践法がいまダスカロスによって明らかに！

定価 本体二四〇〇円＋税

オープニング・トゥ・チャネル

サネヤ・ロウマン&
デュエン・パッカー 著
中村知子 訳

高次元のガイドとつながるためのプロセスを一からステップごとに紹介。内なるガイドとつながって、幸せへの道を一緒に歩みましょう！

定価 本体二七八〇円＋税

神性を生きる

ジェフリー・ホップ、リンダ・ホップ著
林 眞弓 訳

チャネラー、ジェフリー・ホップとリンダ・ホップが伝えるアセンデッド・マスター、セント・ジャーメインからのメッセージ。非二元の目覚めについてわかりやすく述べてます。

定価 本体二一〇〇円＋税

魂の法則

ヴィセント・ギリェム 著
小坂真理 訳

スペイン人のバレンシア大学病院のがん遺伝子の研究者の著者が、幽体離脱で出会ったイザヤと名乗る存在から教えられた「魂と生き方の真実」とは？

定価 本体一五〇〇円＋税

愛の法則 魂の法則II

ヴィセント・ギリェム 著
小坂真理 訳

魂の真実を伝える大好評の『魂の法則』の続編。「魂の法則」の中で最も重要な「愛の法則」の法則について解説！ 霊的存在のイザヤが、著者の質問に懇切丁寧に回答！

定価 本体二一〇〇円＋税

イニシエーション

エリザベス・ハイチ 著
紫上はとる 訳

数千年の時を超えた約束、くり返し引かれあう魂。古代エジプトから続いていた驚くべき覚醒の旅！世界的ミリオンセラーとなった、真理探求の物語。

定価 本体二九八〇円＋税

お近くの書店、インターネット書店、および小社でお求めになれます。